KB136745

위대하지만 위험한 철학자

니체를 만나다

위대하지만 위험한 철학자 니체를 만나다

초판 1쇄 펴낸날 I 2021년 2월 15일

지은이 I 신성권
펴낸이 I 이종근
펴낸곳 I 도서출판 하늘아래

주소 I 경기도 고양시 일산동구 하늘마을로 57-9 3층 302호
전화 I 031-976-3531
팩스 I 031-976-3530
이메일 I haneulbook@naver.com

등록번호 I 제300-2006-23호

ISBN 979-11-5997-055-9 (03100)

위대하지만 위험한 철학자

니체를 만나다

신성권 지음

일러두기

현대의 가장 위대한 사상가 중 한 명으로 꼽히는 프리드리히 니체는 1844년 독일 뢰켄에서 목사의 아들로 태어났다. 5세 때 아버지와 사별하고 어머니, 누이동생과 함께 할머니의 집에서 성장했다. 그는 어린 시절부터 음악과 문학에 천재적인 재능을 보였던 것으로 전해진다. 1864년에는 본 대학에 진학하여 고전문헌학과 신학을 전공했으며, 불과 25세의 젊은 나이로 논문 하나 없이, 출간된 자신의 저서만으로 바젤대학의 교수가 되었다. 그러나 1879년 건강이 악화되기 시작하여 교수직을 사퇴하고 작품 활동에 몰두할 수 있는 최적의 환경을 찾아 방랑 생활을 하기 시작한다. 그는 주로 이탈리아와 프랑스 요양지에 머물며 저술 활동에만 전념했다. 1888년 정신 이상이 심화되었고, 그 후 1900년 8월 25일까지 광인으로 살다가 생을 마감하였다.

그의 저서로는 〈비극의 탄생〉, 〈반시대적 고찰〉, 〈인간적인 너무나 인간적인〉, 〈차라투스트라는 이렇게 말했다〉, 〈선악의 저편〉, 〈도덕의 계보학〉, 〈이 사람을 보라〉, 〈권력에의 의지〉 등이 있다.

그는 쇼펜하우어의 영향을 받아 이성 중심의 전통적 형이상학과 결별을 선언하고 의지의 철학으로 나아갔다. "신은 죽었다"라고 말한 그는 전통적인 서구의 기독교와 윤리 도덕을 비판하고 힘에 기반한 도덕을 설파하여 당시 지식인들을 경악하게 만든 철학사의 이단아다. 그의 사상은 오늘날 철학 분야뿐만 아니라, 신학, 심리학, 문학, 미학 등 수많은 분야에 걸쳐 큰 영향을 미치고 있다.

니체는 현대 철학자 중에서도 대중의 사랑을 가장 많이 받는 철학자다. 철학에 전혀 관심이 없는 사람이라도 '니체'라는 이름을 모르는 경우는 없다. 그만큼 그의 영향력은 대단하다. 그러나 수많은 사람들이 그의 저서를 읽고 감탄함에도 그의 글을 정작 제대로 이해하는 사람은 많지 않다. 그도 그럴 것이, 니체는 짧고 비유적인 난해한 표현으로 글을 썼는데 이는 해석하기가 매우 어렵다. 니체 스스로도 "나는 읽히지 않을 것이다"라고 선언한 만큼 니체의 사상은 난해한 요소가 많으며, 그의 사상을 설명하는 데 있어 학자들의 견해가 서로 엇갈리기도 한다.

니체가 위대하면서도 위험한 철학자인 이유가 여기에 있다.

그의 글이 쉽게 읽히지 않는 바람에 그것을 읽는 주체에 따라 오독의 역사가 이어졌다. 니체는 나치의 파시즘의 사상적 지주로서 여겨지기도 했고 그로 인해 많은 비난도 받았다.

그러나 니체의 사상은 인종 차별주의, 엘리트주의, 파시즘 등과는 무관하다. 누군가가 위대한 철학적 안목으로 뛰어난 이념을 만들어 놓아도 이 이념을 통찰력이 부족하거나 악의적인 누군가가 자신의 정치적

목적을 달성하기 위해 악용하곤 한다. 니체 사후 스스로 초인(超人)을 자처하며 멋대로 방망이를 휘두른 인간들이 속속들이 등장했는데, 그 중 대표적인 인물이 바로 히틀러다. 니체의 사상이 소수의 권력자나 자본가들이 사회 피지배층을 부려먹고 억압하는 것을 정당화해준 것으로 오인하는 사람들도 있지만, 결코 그는 권력이나 재산의 양을 두고 '초인(超人)', '강자', '귀족', '주인'이라는 개념을 제시하지 않았다. 오히려 그는 권력과 자본을 틀어쥐고 있는 지배자들을 귀족이 아닌 권력과 자본의 노예라고 표현했다. 그가 말한 초인(超人)은 스스로의 가치를 창조할 수 있는 독립적 주체이자 창의적 인간 유형이다. 초인(超人)과 대중을 구분하는 기준은 삶에 대한 실존 양식에 있다.

이처럼 니체의 사상은 난해하고 위험하다. 하지만 우리는 왜 그의 사상에 열광하는가? 재미있게도 우리가 니체의 사상에 열광하는 이유는 그의 사상이 난해하고 위험하기 때문이다.

니체의 사상은 도덕과 윤리, 사회의 지배적 이념에 억눌려 억압된 인간의 욕망을 자극한다. 니체는 우리에게 '진정한 너 자신이 되어라'라고 말한다. 외부의 환경, 지배적 이념 따위를 극복하고 스스로 자신의 가치를 창조하는 초인(超人)이 되라고 말한다.

하지만 우리가 처한 현실은 너무나 비참하고 무기력하다. 일자리를 구하지 못해 종일 도서관에서 공부를 하고 있으며, 직장에 출근해서는 상사와 고객의 눈치를 보기에 급급하다. 경제적으로 가난하면 정신적으로도 위축되기가 쉬운 현실이다.

새로운 가치를 창조하고 자신이 삶의 주인이 된다는 것은 매우 근사한 일이지만 막상 그것을 실현하는 것은 매우 비현실적이며 고될 뿐만 아니라 매우 위험한 일이다. 그래서 우리 대부분은 모험하기보다는 보편적 이념과 상식이 쳐놓은 안전한 울타리 안에 거주하고자 한다.

우리가 니체에게 열광하는 이유가 여기에 있다.

우리가 하늘을 날아다니고 자동차를 한 손으로 들어 올리는 영화 속의 슈퍼 히어로를 보면서 자신의 약한 힘에 대한 대리만족을 하는 것처럼, 현실에서 약자에 불과한 우리 역시 니체의 초인(超人) 사상을 접하여 강자로서, 독립적 주체로서 살고 싶은 욕망을 대리만족하고 있는 것이다. 니체 스스로가 순탄치 않은 고통스러운 삶을 살았고 그것을 극복하는 과정에서 탄생한 철학이기에 그만큼 니체의 철학은 강력하다. 니체의 글은 실로 자극적이고 강해서 그것을 읽다 보면 어느새 자신이 정말로 강한 존재로 고양되고 있다는 느낌을 얻기에 충분하다. 니체의 철학에는 가치의 아노미 상태에 빠져 있는 우리 현대인들에게 힘이 되어줄 수 있는 주옥같은 명언들이 많다. 차가운 현실 속에서도 힘을 잃지 않고 꿋꿋하게 견뎌낼 수 있는 뚝심 좋은 발언들이 숱하게 등장한다. 때문에 우리는 니체의 글을 보면서 힘에 대한 단순한 대리만족으로 끝나지 않는다. 삶에 지쳐 자기 무력감에 빠진 사람들도 니체의 글을 보면서 큰 용기를 얻고 실제로 과감한 행동으로까지 나아가기도 한다. 우리는 니체의 글을 읽어보는 것만으로도 이전의 자신보다 더 강해지는 효과를 얻을 수 있다.

하지만 주의할 점도 있다.

니체의 말은 너무나 강해서 그것을 액면 그대로 받아들일 경우 너무나 극단적인 결과를 초래할 수 있기 때문이다. 때로는 희석해서 들어야 할 만큼 그의 말은 너무나 독하다. 또한 역설적으로 니체의 초인(超人) 사상에 빠져서는 절대로 초인(超人)이 될 수 없다는 점이다.

니체가 말한 초인(超人)의 특징은 의심이 많고 독립적이며, 자기 주체적이라는 점이다. 초인(超人)은 외부의 지배적 이념에 휘둘리지 않는다. 우리가 니체의 글을 읽고 니체의 사상에 빠진다면 그것은 또 하나의 지배적 이념에 굴복하는 것밖에 되지 않는다. 때문에 니체와 그의 사상에 대해 완벽한 지식을 갖추고 있음에도 초인(超人)에 대비되는 최후의 인간, 말인(末人)으로 사는 사람이 있고 '니체'라는 이름을 단 한 번도 들어본 적이 없음에도 초인(超人)처럼 사는 사람이 있을 수 있게 된다.

우리는 니체의 글을 읽되 주체성을 잃고 그것을 맹목적으로 좇아서는 안 될 것이다. 니체의 글을 당신만의 방식으로 받아들이고 삶에 적용해야 한다.

끝으로, 니체의 철학에 대해 체계성이 부족하다는 평가가 많지만, 그의 철학은 분명 일관된 논리를 가지고 있으며 매우 유기적으로 구성되어 있다. '초인(超人)', '신의 죽음', '권력에의 의지', '아모르 파티(Amor fati)', '영원회귀'는 사실 별개의 개념이 아니다. 이 중 어느 하나를 설명하면 그것은 반드시 다른 개념들과 연결된다. 때문에 니체의 철학은 일부 개념만 가지고는 그 전체를 이해하기가 어렵다. 그래서 필자는 철저하게 초보자의 시선에 맞춰 각 파트별로 개념을 간결하고 명확하게 전달하는 것에 초점을 두었다. 책을 모두 정독하면 그의 사상에 대한 전반적인 뼈대가 잡히게 될 것이다. 그의 사상에서 핵심을 이루는 난해한 개념들을 쉽고 명확하게 전달하여 독자들을 이해시키는 동시에 삶에 용기를 불어넣어 주는 것이 바로 이 책의 목적인 것이다.

차례

1장_삶은 곧 고통이다

2장_초인(超人)의 탄생

3장_진정한 너 자신이 되어라

4장_도덕이야말로 허점투성이다

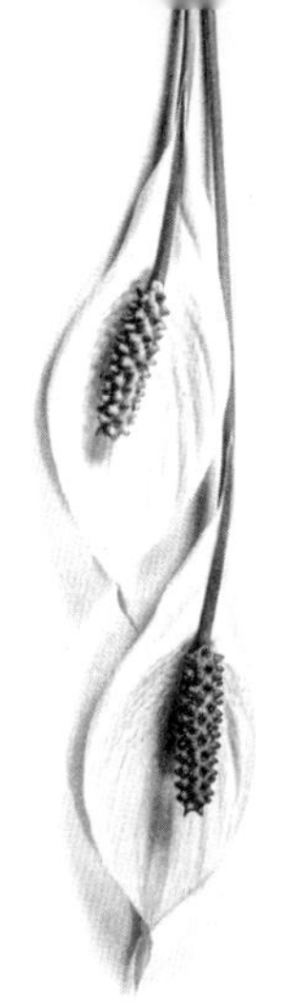

5장_위험하게 살아라

6장_유희하는 인간

7장_네 운명을 사랑하라

에필로그

부록

1장 삶은 곧 고통이다

1. 쇼펜하우어 :
고통과 고뇌는 인간의 운명이다.

"인생은 고통이고 세계는 최악이다."

"욕망의 성취를 통해 인간은 항구적인 행복도 안식도 얻을 수 없다. 욕망의 성취는 거지에게 던져줄 동냥과도 같아서 비참한 삶을 내일까지만 연장시켜 줄 뿐이다. 어떤 욕망이든 그것이 충족되고 나면 곧 또 다른 욕망이 나타나게 되고 이러한 현상은 무한히 계속된다." -쇼펜하우어

하늘에 닿을 듯 크고 높은 나무들에게 거친 바람과 악천후가 없었다면 그런 성장이 가능했을까? 인생에는 거친 폭우와 강한 햇살, 태풍, 천둥과 같은 온갖 악과 독이 존재한다.

그런 것들이 가급적이면 없는 게 낫다고 말할 수 있을까? 탐욕, 폭력, 증오, 질투, 아첨, 불신, 냉담 그밖에 모든 악조건과 장애물들…….

이러한 악과 독이 존재하기에 우리는 그것들을 극복할 기회와 힘을 얻고, 용기를 내어 세상을 살아갈 수 있을 만큼 강하게 단련되는 것이다. -니체

쇼펜하우어는 우리가 살고 있는 이 세계가 우리가 생각할 수 있는 세계 중에서도 단연코 최악의 세계라고 말했다. 고통이야말로 삶의 실재이며 쾌락이나 행복은 다만 소극적인 것, 즉 고통의 부재 상태에 불과한 것이다. 그래서 행복은 구름 사이로 잠깐 비치는 햇빛과도 같은 것이다.

그렇다면 인간은 왜 이처럼 고통스러울 수밖에 없는 운명에 처해졌는가?

쇼펜하우어는 고통의 원인을 욕망에 있다고 보았다. 쇼펜하우어는 인간의 인생을 욕망과 권태 사이를 오가는 시계추에 비유했다.

인간은 욕망덩어리다. 식욕, 성욕, 수면욕, 명예욕, 소유욕, 권력욕 등 인간의 마음을 움직이고 행위를 유발하는 근원은 바로 의식이 아닌 욕망이다. 우리는 욕망을 맹목적으로 추구한다.

하지만 이러한 욕망은 잠시도 쉬지 않고 좀처럼 충족되지도 않는데, 충족되지 않는 욕망은 언제나 고통으로 남게 된다. 어렵사리 욕망이 충족되었다고 해도 그 만족감은 일시적인 것에 불과하여 얼마 못 가 권태라는 또 다른 이름의 고통에 빠져들게 된다.

장난감을 가지고 싶다며 울고 불며 떼를 쓰는 어린아이에게 장난감을 던져주면, 아이는 그것을 아주 재미있게 가지고 놀지만, 채 한 달도 지나지 않아 싫증을 내기 시작한다. 다른 장난감을 사달라고 울면서 조르기 시작하는 것이다.

그 아이가 성장하여 성인이 되면, 취업난 속에서 경제적 생존을 위해 코피 흘리며 공부해야 한다. 직장을 얻고 나서 얻은 삶의 기쁨은 잠깐에 불과하고, 조직 내에서 가정 내에서 삶의 고통은 계속 이어진다.

하나의 욕망이 충족되면, 또 다른 삶의 과제가 나타나고 우리는 그 충족되지 않은 욕망 앞에서 또다시 고통을 겪게 된다. 그리고 언제나 냉정한 현실은 우리의 의지의 실현을 가로막는 장애물들로 넘쳐난다.

물질적인 것뿐만 아니라 순수한 것, 정신적인 것으로 여겨지는 것도 예외일 수 없다. 사랑도 마찬가지다. 사랑에 목마른 두 남녀가 만나면 처음엔 서로에 대한 감정이 뜨겁게 불타오르지만, 그 욕구를 충족하고 나면 얼마 지나지 않아 권태에 빠져들게 된다. 쇼펜하우어는 제아무리 고상하고 순수한 것으로 여겨지는 사랑도 그 감정의 이면에 더욱 원초적인 맹목적 의지가 깃들어 있다고 보았다.

그 원초적 욕망이 충족되는 순간 사랑이라는 감정도 식게 된다.

이처럼 욕망덩어리인 인간은 겉으로는 제법 순수하고 고결한 명분을 내세우지만 결국 결핍과 권태 사이를 오가며 영원히 고통을 당하는 존재에 불과하다.

또한 쇼펜하우어는 인간이 고통을 겪는 원인으로 인간의 높은 지능을 지목하기도 했다. 지능이 발달한 동물일수록 고뇌에 대한 감각이 가장 예리하기 때문이다.

생각하는 능력을 가진 인간은 자신의 상상력으로 아직 다가오지도 않은 미래에 '지옥'이라는 건물을 쌓아 올릴 수 있는 것이다. 식물이 가장 단순한 삶에 만족하고 있으며, 동물은 인간보다 더 단순한 삶에 만족한다. 동식물은 자신의 생존과 직결된 현재의 환경적 변수에만 예민하게 반응할 뿐이다. 인간을 제외한 동물과 식물은 과거나 미래에서 오는 괴로움도 희망도 품지 않는다. 상상력이 만들어내는 환영에 사로잡히지 않기 때문이다.

그래서 쇼펜하우어는 고통과 고뇌는 모든 인간의 운명이라고 말했다. 세계를 비관적으로 바라본 쇼펜하우어는 "인생은 의미가 없다. 그러므로 태어나지 않는 것이 최선이고, 태어났다면 최대한 빨리 죽는 것이 차선이다."라고 입버릇처럼 말하고 다녔다.

하지만 그의 말대로 모든 인간은 그저 고통 속에서 무기력하게 인생을 살 수밖에 없는 것일까? 인생은 고통이고 세계는 최악이므로 우리가 고통으로부터 해방되기 위해서는 스스로 목숨을 끊어야만 하는가?

사실 세계가 고통으로 가득 차 있다는 그의 비관주의적 사상은 세계에 대한 진단에 있는 것이지 결코, 그의 철학이 궁극적으로 추구하는 것이 아니다.

쇼펜하우어는 욕망, 즉 맹목적 의지와 결별함으로써, 삶의 고통으로부터 해방될 수 있다고 보았다. 이것이 쇼펜하우어의 행복론이다. 이와 관련하여 쇼펜하우어가 제시한 방법은 크게 두 가지인데, 하나는 예술이고 다른 하나는 해탈이다.

쇼펜하우어에게 있어 예술이란 고통을 초래하는 우리의 맹목적 의지를 진정시킬 수 있는 '진정제'이다.

천재 예술가들은 미적 관조를 통해 표상 너머의 세계를 온전하게 느끼고 그것을 작품 속에 담아 전달 할 수 있는데, 우리는 천재들의 아름다운 작품을 감상함으로써 일시적으로나마 표상에 집착하는 개별의식을 내려놓고 고통으로부터 해방될 수 있다는 것이다.

쇼펜하우어가 말한 해탈은 불교적 해탈과 유사하다. 욕망을 초래하는 맹목적 의지에 굴복당하지 않기 위해 우리는 철저히 금욕적인 생활을 해야 한다는 것이다. 그에 따르면 인간의 사고와 행동을 결정하는 것은 결코 이성이 아니라 의지였다. 대부분의 사람들은 자기 내면에서 고통을 초래하는 '의지'를 제대로 인식하지 못하고 표상에만 집착하므로 결코 고통에서 해방될 수 없는 것이다. 우리의 의지는 세상 밖으로 나오는 순간 방해를 받는다. 이 세상엔 나의 의지를 가로막는 장애물들로 넘쳐난다. 그래서 인간은 고통에서 해방되기 위해 고통을 초래하는 내면의 맹목적 의지를 인식하고 금욕적인 생활을 통해 욕망을 억제해야 한다.

니체 역시 이러한 쇼펜하우어의 철학에 큰 영향을 받았다. 니체에게서 느껴지는 어두운 부분들은 대부분 쇼펜하우어에게서 나온 것이다. 인간을 실질적으로 지배하는 것은 의식이 아닌 본능이고, 충동이고, 무의식이다. 이 관점을 프로이트보다 먼저 제시한 사람은 쇼펜하우어다. 물론 쇼펜하우어가 직접 '무의식'이라는 개념을 제시한 것은 아니지만 이성 배후에서 인간을 조종하는 '의지'라는 개념을 제시했다는 점에서 그렇다.(프로이트는 이 '의지'라는 개념을 '무의식'이라는 개념으로 발전시켰다.)

니체 역시 이 세상이 고통으로 가득 차 있다고 보았고, 인간의 본질은 이성이 아니라 의지에 있다고 보았다.

하지만 두 철학자는 '의지'를 바라보는 관점에 큰 차이가 있었다.

허무주의에는 수동적 허무주의와 능동적 허무주의가 있다. 수동적 허무주의는 허무의 현실을 직시하기보다는 이를 회피하려고 하는 허약한 허무주의이다. 기존의 도덕원리를 수동적으로 수용하여 그 속에서 평안을 찾으려 한다. 세상의 본질인 허무를 감당하지 못하고 다시 기존의 것으로 돌아간다. 쇼펜하우어는 삶의 본질을 의지로 규정하긴 했지만 그러한 의지를 부정하고 금욕과 자기부정으로 나아간다. 이러한 사람들은 가치의 부재로 인한 피해를 감당하지 못한다.

하지만 능동적 허무주의는 허무의 현실을 적극적으로 끌어안고 그것을 극복한다.

삶의 의지를 억제해야 한다는 쇼펜하우어와 달리 삶을 절대적으로 긍정함으로써 새로운 가치를 창조하려고 하는 의지의 철학이다.(이 점에서 쇼펜하우어에게 있어 예술은 삶의 고통에서 우리를 잠시나마 해방시켜줄 수 있는 의지의 진정제이지만 니체에게 있어 예술은 삶을 긍정하는 위대한 자극제다.) 니체의 허무주의는 능동적 허무주의다.

능동적 허무주의는 허무감을 남김없이 경험하고, 그 빈자리를 창조적 행위로 채운다. 절대적 진리란 애초부터 존재하지 않고 모든 것이 허무하므로 무엇이든 허용될 수 있고 창조할 수 있는 것이다.

니체는 허무주의를 극복하고자 했고 쇼펜하우어의 의지는 니체를 만나 권력에의 의지로 거듭났다. 자신의 욕망뿐만 아니라 그에 따른 고통의 깊이까지도 함께 끌어안고 사랑할 줄 아는 존재, 즉 초인(超人)이 탄생한 것이다. 초인(超人)은 어떠한 종류의 가치도 믿지 않는다. 초인(超人)은 니힐리스트다. 그러나 그렇다고 해서 비관론자가 되거나 절망으로 인해 고통 받지는 않는다. 대신 초인(超人)은 자신의 생을 긍정하고 자신의 운명을 사랑한다. 그리고 같은 생을 무한히 반복한다는 전망에 직면해도 결코 운명애는 식지 않는다.

쇼펜하우어가 생의 의지를 부인하며 삶에 대한 비관으로 나아간 것에 비해 니체는 인간의 가치 기준을 변화시키고 새로운 초인(超人)으로 나아가는 권력에의 의지를 제시했다. 권력에의 의지란 살아있는 모든 것의 내적 역동성, 주인이 되고자 하며 보다 크고 강력하고자 하는 의지이다. 자기 강화와 자기 극복에의 의지며, 자신의 힘으로 스스로를 구원하고자 하는 의지다. 삶의 무상함과 고통을 긍정하면서 오히려 그것들을 자신을 강화할 수 있는 기회로 전환할 수 있는 인간만이 허무주의적 상황을 극복할 수 있다.

니체의 관점에서 세계란 권력에의 의지를 추구하는 모든 존재자가 서로의 힘을 다투면서 사멸과 (새로운 존재로의)창조가 이루어지는 유희의 장이다. 이러한 세계는 모순으로 가득차 있지만 조화로운 세계이고 권력에의 의지를 지닌 주체들이 유희하는 세계다. 니체는 이 세계의 상태를 디오니소스적 상태라고 불렀다.

니체의 입장에서 볼 때, 쇼펜하우어는 의지의 가치를 간과했으며, 그가 말하는 의지로부터의 해방은 어불성설이었다. 쇼펜하우어의 금욕적 이상도 결국은 고통으로부터 벗어나려는 또 하나의 의지에 불과한 것이기 때문이다. 또한 모든 욕망을 내려놓겠다는 해탈에 대한 욕망이야말로 가장 커다란 욕망이 아니던가?

2.
인간은 미정형의 동물

인생은 방랑과 같다. 살아가는 것은 곧 방랑이다.
평원을 지나 험난한 산줄기를 수없이 넘어가야 한다.
칠흑 같은 어둠을 거치고, 계곡물에 발을 적시고 차가운 별빛 아래를 걸어야 한다.
그러는 동안 우리는 수많은 사건을 마주하고 많은 것들을 체험할 것이다.
그러나 결국, 언제나 자기 자신을 체험하는 것뿐이다.
자신이라는 인간을 체험하는 것. 그것이 인생이다.

〈차라투스트라는 이렇게 말했다〉

고통과 고뇌를 덜기 위해 도망치기만 한다면 결국 그 사람의 생명력은 힘을 잃고 말 것이다. 사람은 견디기 힘든 고통을 통해 스스로의 능력을 끌어올릴 수 있음을 기억해야 한다. 고뇌만이 삶을 최고에 이르게 한다. 마치 암벽을 기어오르며 정상을 바라보는 이가 그러하듯이.

〈생성의 무죄〉

니체는 인간을 미정형의 동물이라고 보았다. 인간 존재는 고정된 기정의 본질이 없기 때문에 스스로를 변화시키고 자신의 삶을 조형하는 예술가가 될 수 있다는 것이다.

이는 "인간 존재는 본질에 앞선다"라는 사르트르의 말과 통한다. 니체를 실존주의의 선구자라고 부르는 이유가 바로 여기에 있는 것이다. 실존주의는 인간 존재 그 자체를 중요시한다. 본질이 사물의 일반적 본성을 의미하는 데 반해, 실존은 사물의 개별자로서 존재를 의미한다. 인간의 본질이 애초부터 결정되어 있다면, 그에 맞춰 살면 그만이지만 인간의 본질은 미정형이므로 인간 개개인은 스스로의 존재 방식을 선택하고 감당하도록 운명지어졌다.

인간이 아닌 야생의 동물들은 일반적인 종의 특성을 연구하면 그것들의 거의 모든 것을 예측할 수 있다. 예측 가능하다는 것은 본질이 고정적이라는 이야기고 본질이 고정적이라는 것은 스스로를 변화시킬 잠재력이 없음을 의미한다. 호랑이의 본질, 전갈의 본질, 악어의 본질은 정형화되어 있는 반면, 인간은 그 본질이 정형화되어 있지 않다. 그래서 인간은 육체적 한계에도 불구하고 다른 모든 동물들을 지배할 수 있게 되었다.

비정형성은 창조의 가능성을 내포하고 있는 것이다.

하지만 그것은 인간에게 불안을 초래한다. 본질이 정형화되어있지 않다는 것은 무수한 선택의 갈림길 앞에 서 있음을 의미하기 때문이다. 인간은 어쩔 수 없이 수많은 모순적인 동기로 혼란을 감당해야 할 처지에 놓여 있다. 하지만 그 고통을 초극해야만 자기 창조가 가능하다. 최고의 자유는 가장 높은 수준의 불안을 초극하는 곳에 존재한다. 인간이 다른 모든 동물들을 제치고 오늘과 같은 지위에 오를 수 있었던 것은 역설적으로 모든 동물들 중 가장 큰 고통을 받을 수 있는 존재였기 때문이다.

인간을 제외한 대부분의 야생동물들은 현재 자신이 처한 상황에 대해서만, 자신의 생존과 직접적으로 관련된 환경적 변수에 대해서만 민감하게 반응할 뿐이다.

이 역학관계에 따르면 아둔한 사람일수록 열정이라는 것을 찾아볼 수 없고, 그저 편안하고 안락한 삶을 추구하며, 그 정도 삶을 유지하는 데 필요한 수준의 감각을 가지고 있을 뿐이다. 인간이 정신적으로 발전하면 할수록, 대개 이러한 지적 탁월성이 불안과 연결되어 있다.

고유한 내면이 강렬하게 살아있는 존재인 한 인간은 불안을 감당해야만 한다. 기존의 것으로부터 벗어나 새로운 미지의 세계로 나아갈 때 감당할 수밖에 없는 불안, 지성을 지닌 모든 인간은 그 정도에 따라 차이가 있을 뿐, 각자 자신만의 불안을 감당해야 할 운명에 처해진다. 지성이 완전히 마비되지 않는 한 생명이 유지되고 있는 한, 불안은 우리를 항상 따라다닐 수밖에 없다. 그리고 그 불안에 지배당하지 않고 맞서가면서 삶의 높이를 한 단계씩 높여가는 것이 탁월한 지성을 부여받은 인간들의 숙명이다.

우리는 불안을 직시하고 감당해야 한다.
불안을 직시하지 않고 두려워만 하는 사람은 움츠리게 되어있다. 세상의 모진 매질에 당하지 않기 위해 몸을 둥글게 웅크리고, 자신을 보호하려 한다. 하지만 그렇게 움츠리고만 있으면 세상을 제대로 직시할 수 없게 된다. 세상의 수많은 가능성을 발견하지 못한 채 마음속에 분노와 원망, 피해 의식이 쌓이게 된다. 불안으로부터의 도피는 오히려 불안을 더욱 심화시킬 뿐이다. 불안으로부터의 회피는 일시적인 현실도피에 불과하다. 사르트르의 표현대로 인간은 불안으로부터 도피하고자 하지만 결코 성공하지 못한다. 왜냐하면 인간 그 자체가 바로 불안의 근원이기 때문이다.

눈 딱 감고 소소한 행복에 의존하면서 삶의 중요한 부분을 애써 회피하는 것은 아주 잠깐일 뿐이다. 그리고 그렇게 해서는 결코 현실의 문제를 해결할 수 없다. 고통스럽지만 우리는 현실을 마주하고 차갑고 거칠게 흐르는 강물을 역으로 거슬러 한 발 한 발 위로 올라가야 한다.

당신이 직접 문제를 마주하고 해결하지 않으면 불안이라는 상상 속의 괴물은 더욱 몸집이 커지고 흉측한 모습으로 변해가기 시작할 것이다.

불안을 해소하는 유일한 방법은 불안과 직접 마주하는 것이다. 불안의 먹잇감이 되어 퀴퀴한 냄새가 나는 지하실에 갇혀 있을 것인가, 아니면 밝은 태양 빛 아래서 마음껏 자유와 행복을 쟁취하겠는가?

인간의 삶에서 불안은 결코 제거할 수 없다. 우리는 영원히 불안으로부터 도망칠 수 없다. 그렇다면 우리가 할 수 있는 일은 불안을 바라보는 시선을 바꾸는 것뿐이다.

영웅과 범부 모두 미지의 세계에 대한 두려움을 가지고 있다. 단지 불안과 두려움을 대하는 태도에 차이가 있을 뿐이다. 니체가 용기를 강조한 것도 이 이유에서다. 용기란 불안이라는 감정을 전제하는 단어이기 때문이다. 비범한 사람과 평범한 사람의 구분은 불안을 느끼는지 여부가 아니라 불안을 대하는 태도에 달려있다.

불안은 그 자체로 위험한 것도 아니고 해로운 것도 아니다. 오히려 당신의 삶을 더욱더 역동적이고 생명력이 넘치게 만들어 줄 것이다. 불안을 느낀다는 것은 당신이 희망을 품고 있다는 증거다. 불안이라는 어두운 터널을 통과하자. 앞에는 찬란한 빛이 당신을 기다리고 있다. 불안을 내 삶에 문제가 있다는 신호만으로 받아들여서는 안 된다. 삶에서 더 의미 있는 역할을 발견하고 더 높은 목표를 향해 나아가고 있다는 신호로 해석해야 한다.

불안을 감당할 수밖에 없는 모든 인간은 자신의 미래를 확인하고 싶어 한다. 어느 길을 선택하여 앞으로 나아가야 할지 항상 생각이 많다.

올해는 좋은 직장에 취업할 수 있을까?
다음에는 좋은 인연을 만날 수 있을까?
현재 진행 중인 프로젝트는 과연 성공할 수 있을까?

인간은 미래를 기대하면서도 두려워한다. 그래서 지푸라기라도 잡는 심정으로 역술가를 찾아가기도 하고, 오늘의 운세나 올해의 운세를 뚫어지게 쳐다보기도 하는 것이다.

하지만 자신의 운명이 이미 정해져 있다거나, 그 미래를 알려고 집착하는 것은 자신의 실존을 운명에 굴복시키는 것과 같다.

미래를 예측하는 가장 확실한 방법은 당신이 미래를 직접 창조하는 것이다.

3.

고통을 창조성으로 승화시키다.

병은 나의 모든 습속을 바꿀 권리를 나에게 부여했다. 병은 나에게 망각을 허용했고 명령했다. 나의 생애를 통틀어 병속에서 고통을 겪었던 순간보다 더 큰 기쁨을 느껴 본적이 없다.

〈이 사람을 보라〉

창조하는 것. 이것이야말로 고통으로부터의 위대한 구원이며 삶을 가볍게 만드는 것이다. 하지만 창조하는 자가 되기 위해서는 고통과 많은 변신이 필요하다.

그렇다. 그대 창조하는 자들이여, 그대들의 삶에는 수많은 고통스런 죽음이 있어야 한다! 그리하여 그대들은 그 모든 무상함의 대변자가 되고 옹호자가 되어야 하는 것이다. 창조하는 자 스스로가 새로 태어날 아이가 되려면, 자신이 산부가 되어 그 산고를 겪으려 해야 한다.

〈차라투스트라는 이렇게 말했다〉

> 그대들은 고통에 대한 훈련이야말로 인류를 위대하게 해준다는 사실을 아는가? 영혼의 힘을 키워주는 불행속에서 영혼이 느끼는 긴장, 불행을 짊어지고 해석하는 영혼의 독창성과 용기, 깊이, 비밀, 가면, 정신, 간사한 꾀, 뛰어남이야 말로 고통받는 영혼에게 주어지는 것이다.
>
> 〈선악의 저편〉

인간이 고통을 해소하는 방법에는 여러 가지가 있다.
보통의 사람들은 종교적인 신에 의존하거나 심리적 치료를 통해 인간사의 고통을 해소하고자 한다. 고통을 그 자체로 회피와 치료의 대상으로 보는 것이다. 그러나 예술가들은 자기 내면에 존재하는 고통을 먹고 자란다. 예술가마다 각자가 처한 환경이나 장애, 내적 불안은 그 종류와 강도가 다르겠지만 이들은 자신들의 고통을 활용하여 그것을 음악으로 그림으로 글로써 승화시킨다. 이들은 자기 치유의 길을 선택한 것이다.

이는 독일의 시인 하인리히 하이네의 "창조해 가면서 나는 치유되고 건강해진다."라는 말이나 프랑스의 작가 앙드레 모루아의 "신경증은 예술가를 만들고, 예술은 신경증을 낫게 한다."라는 말과 일맥상통한다.

필자는 예술가의 예술성을 끌어내기 위한 조건으로 고통을 든다. '슬픔과 고통'은 예술가에게 필요한 조건 중 하나다. 위기에 처한 사람은 초인적인 능력을 발휘한다는 말이 있듯이, 니체가 말한 초인(超人)처럼 예술가는 고통을 초극하여 예술성으로 현실을 긍정한다.

슬픔과 고통은 상실을 동반하기 마련인데, 삶에서 가지고 있던 것들을 잃어버릴 때, 인간은 새로운 삶의 의미를 찾아 모험을 떠나기 시작한다. 비평가들로부터 최고의 작품이라고 극찬을 받는 작품들을 살펴보면 대부분 그 예술가의 인생에서 고통이 가장 극에 달했던 시점에서 등장한 경우가 많다.

니체는 평생 병을 달고 다녔다. 하지만 그가 겪었던 고통 역시 건강한 사람만이 겪을 수 있는 고통으로 생의 결핍 때문에 겪는 고통과는 격이 다르다. 니체가 병을 통해 스스로 위대한 건강에 이르렀다고 말한 것처럼. 니체는 그의 건강이 최악의 상태에 치달았을 때 역설적으로 자신의 삶을 치유하고 운명을 긍정하는 철학적 원리를 발전시켰다.

철학과 예술 분야만 한정해서 그러한 것이 아니다.
물리학자인 스티븐 호킹 박사는 대학원 시절 근육이 서서히 마비되어가는 루게릭병에 걸려서 책 한 장을 제대로 넘기지 못하고 필기구도 잡을 수 없을 지경에 이르렀다.(하지만 그는 암산으로 모든 수식을 풀기 시작하여 박사학위까지 취득하게 된다.)

그는 훗날 루게릭병에 걸리지 않았다면 지금보다 더 큰 업적을 이루지 않았겠냐는 기자의 질문에 다음과 같이 대답했다.

"병에 걸리지 않았다면 나는 연구에 지금과 같이 많은 시간을 투자하지 못했을 것이다. 그 시간에 강연하고 학생들의 시험지에 점수를 매기느라 연구를 제대로 못 했을 것이므로 결국 루게릭병이 나를 이론 물리학자로 만들었다."

보통의 사람들이라면 자신이 만약 몹쓸 병에 걸리지 않았다면 더 멋지고 생산적인 인생을 살 수 있었을 것이라고 말했을 것이다. 그러나 호킹 박사는 오히려 자신의 병이 자신을 이론 물리학자로 만들었다고 말한다. 육체적 한계 상황 속에서도 여유를 잃지 않고 살아가는 그의 모습은 전 세계인을 감동시켰다. 호킹 박사는 고난에서 삶의 의미를 발견했다. 그는 루게릭병에 걸렸지만, 그 상황을 연구에 더욱 매진하는 시간으로 변화시켰고, 위대한 학자가 되었다.

자신의 가혹한 운명을 이겨낸 스티브 잡스의 이야기도 빼놓을 수 없다.

스티브 잡스는 1976년 집 차고에서 스티브 워즈니악과 함께 애플을 창업했다. 애플이 증시에 상장된 것은 1980년이다. 그런데 잡스는 어이가 없게도 1985년 자신이 만든 회사에서 쫓겨나는 신세가 된다. 1983년 새로 영입된 최고경영자가 그를 추출한 것이다. 이때의 스티브 잡스는 끔찍한 고통을 느꼈을 것이다. 자기가 만든 회사에서 자기가 쫓겨나다니, 이 얼마나 가혹한 운명인가?

보통 사람이었다면 더러운 세상을 향해 원망을 퍼붓거나 지금까지 쌓아 올린 부와 명성에 만족하면서 체념을 했을 것이다.

하지만 2005년 그는 스탠퍼드 대학 졸업식 연설에서 자신이 겪은 고통에 대해 다음과 같이 이야기한다.

"애플에서 해고된 일은 저에게 일어날 수 있었던 일 중 최고의 사건이었습니다. 그 사건은 제가 성공의 중압감에서 벗어나 초심자의 가벼운 마음을 되찾게 해주었고, 내 인생의 최고 창의력을 발휘하는 시기로 접어들 수 있도록 자유롭게 해주었습니다."

잡스는 애플을 떠나 있는 동안 자신의 회사 넥스트를 설립했으며 픽이라는 회사를 인수했다. 이 회사가 바로 지금 우리가 알고 있는 픽사라는 기업이다. 그 당시 픽사는 실패의 늪에서 허우적거리고 있는 상태였지만 잡스는 이 기업을 크게 성장시켰다.

픽사의 창업자인 에드 캣멀은 “우리는 실패에 대한 생각을 바꿔야 합니다. 실패는 어떻게 대처하느냐에 따라 성장의 기회가 됩니다.”라고 말했다.

그 역시 실패를 필요악으로 보지 않았다. 독창성을 발휘하기 위한 필수 요건으로 보았다. 그는 실패에 따르는 고통 때문에 실패의 가치를 왜곡시켜선 안 된다고 역설했다. 실패라는 것은 자신의 익숙한 공간을 벗어나 전혀 다른 것들을 체험할 기회를 준다. 우리는 여기에서 창의성의 재료를 발견할 수 있다.

위대한 혁신가들도 알고 보면 실패에 대한 두려움을 갖고 있고, 또 자기가 걸어온 길에서 거듭 실패를 해왔음을 알 수 있다. 하지만 이들은 결코 어중간하지 않은 실패를 극복했기에 결코 어중간하지 않은 사람들로 기억되고 있다.

고난은 엄청나게 강한 사람을 만들 수 있는 기회가 된다. 새로운 삶의 의미가 발견된다.

건강함이 넘치는 자는 보통 사람들이 쉽게 적응할 수 있는 획일화된 낡은 습속을 견디지 못한다. 건강한 자만이 시도할 수 있는 모험은 익숙한 영토를 벗어나는 일이다. 위대한 창조는 결코 안락하고 한가롭기만 한 마음에서 발생하는 법이 없다. 고통은 자신에게 익숙했던 영토를 낯설게 만든다. 고통은 자신의 낡은 습속에서 벗어나 새로운 가치를 발견할 기회를 준다. '나' 안에서 '새로운 나'가 탄생하는 것이다. 이것이 바로 창조성과 관련이 있다.

물론 고통 자체가 어떠한 창조적인 결과물을 기약하는 것은 아니다. 어떤 개인은 내적 혼란을 감당하지 못하고 부적응과 번뇌 속에서 끙끙대는 무기력함과 자기 파괴의 모습으로 나아가지만 어떤 개인은 그것을 창조적 에너지로 활용할 줄 안다.

고통이 창조의 자극제가 될 수 있는 지 여부는 그것을 이롭게 활용할 줄 아는 개인의 능력과 태도에 달려있다. 스스로 특권적 인간의 자격을 부여하기 위해서는 니체의 말처럼 고통을 생의 연료로 쓸 줄 아는 현명함과 소모적 고뇌를 피하는 '영리함'과 현재가 아닌 미래를 살아낼 문자를 사냥하는 능력을 갖춰야 한다.

4.
행복이란 상황을 압도하는 자신의 힘을 경험하는 것

세상을 살아가는 동안 우리는 온갖 장애에 부딪힐 수밖에 없다. 증오와 방해, 질투, 유언비어, 괴롭힘, 폭력, 유혹, 불신, 이해타산, 냉대… 그 앞에서 완전히 무릎을 꿇고 자기 자신을 잃어버리는 이가 있는가 하면, 그것을 성장의 밑거름으로 삼는 이도 있다. 후자에게는 이 모든 장애와 시련은 독이 아니라 자신을 훌륭한 사람으로 만들어주는 거름이다.

〈즐거운 학문〉

살다보면 고난이 닥치기도 하고 비극적인 사건이 일어나기 마련이다. 다만 그러한 상황에 처할지라도 자신이 불운한 인간이라는 생각에 잠겨선 안 된다. 오히려 고통을 품는 인생에 존경심을 품어라. 불면 날아갈 듯한 허접한 적군 한 명을 상대하기 위해 정예병 한 사단을 보내는 지휘관은 세상 어디에도 없다. 그러므로 고난을 인생이 주는 선물로 여겨라.
고통을 통해 정신이, 살아가는 힘이 더욱 단련되고 있음에 기뻐하라.

〈우상의 황혼〉

니체에 의하면 행복한 사람이란 고통이 없는 안락한 상태의 인간이 아니라 가혹한 운명에도 불구하고 내적 평정과 충일함을 만끽하면서 사는 인간이다. 우리는 흔히 고통이 없는 안락한 상태를 행복이라고 생각하는 경향이 있지만, 이 생각 자체가 우리를 더욱 불행하게 만들고 있음을 알아야 한다. 항상 좋은 일만 일어나기를 바라는 우리의 희망과는 달리 고통은 언제 어디에서나 우리를 엄습한다. 그것은 건강에 대한 문제일 수도 있고, 금전적 문제일 수도 있다.

고통이 없는 안락한 상태를 행복이라고 가정한다면 그 누구도 행복한 사람일 수가 없다. 행복은 구름 사이로 잠깐 비치는 햇빛 정도에 불과하기 때문이다. 가혹한 운명에도 불구하고 그 상황을 압도하면서 살 수 있을 때 비로소 우리는 행복한 인간이 될 수 있다.

당신은 키가 작아서 불만일 수 있고, 외모가 추해서, 선천적인 장애를 타고나서, 지능이나 재능이 자기가 원하는 만큼이 아니라서, 가난해서, 기타 다양한 이유로 불만을 가질 수 있다. 우리는 욕망과 의지를 가지고 있지만, 그것을 외부 세상에 확장하려고 하면, 온갖 제약 조건들이 우리의 의지 실현을 방해한다.

우리는 사람들이 억압받는 모든 요소를 고려하여 각 문제를 해결할 수 있을까?

기술적으로는 절대 불가능하다. 국가도 당신의 고뇌를 대신 해결해 줄 수 없다.

사람들이 억압받는 요소들을 전부 나열하는 것도 불가능하고 그중에서 우선순위를 정하는 것도 불가능하다. 도대체 그것을 누가 정할 수 있다는 말인가? 자신이 여성이라서 차별을 당했다고 주장하는 사람이 나오면, 누구는 자신이 가난한 여성이라서 자신이 더 큰 고뇌를 짊어지고 있다고 말할 것이다. 끝이 아니다. 누군가는 자신이 가난한 여성이면서도 사고로 거동이 불편한 몸을 가지게 되었다며 자신을 최우선적으로 구제해 줄 것을 국가에 요구할 것이다.

누구나 자신이 피해를 가장 많이 입었으니, 자신이 가장 약자이니 자신이 가장 최우선적으로 국가로부터 보상을 받아야 한다고 주장한다. 서로가 누가 더 약자인지 누가 더 많은 고뇌를 짊어지고 있는지를 두고 천하제일 약자 대회, 피해자 대회가 열려 서로 경쟁하기 바쁘다. 이때 정말 사회적 도움의 손길이 필요한 불우한 사람들에게 돌아갈 몫이 작아지게 된다.

모든 시대와 장소를 막론하고 국가에 대한 불만이 누적되지 않은 적은 없었다. 그것은 우리가 겪는 고뇌에 대한 모든 혐의를 외부에다 모두 떠넘길 작정을 했기 때문이다. 물론 국가는 법과 제도를 통해 국민의 안녕과 복지 향상을 위해 최선을 다해야 한다. 우리는 생존을 위해, 쾌적한 삶과 행복을 위해 국가에 일정한 요구를 할 수 있다.

하지만 본래부터 고뇌는 인간 존재 자체와 떼어낼 수 없는 것이다. 인간의 삶 자체가 고통이라는 것을 받아들이고 인정하는 선에서 그 책임을 외부에 물어야 하는 것이다. 자신을 어려운 상황에서 구원해야 할 가장 큰 책임은 바로 '나'에게 있다.

고통스러운 인간의 삶에 무엇인가 달콤한 천국 같은 것이 있다고 주장하거나 모든 고뇌를 없앨 수 있다고 주장하는 이들은 대부분 사기꾼이고 선동가다. 이들은 불행에 대한 모든 책임을 국가에 떠넘기고 국가가 맡겨진 책무를 제대로 이행한다면 지상 천국이 열릴 수 있다는 말로 온갖 미사여구를 동원해가며 대중들을 선동한다. 이것이 바로 포퓰리즘이다. 정치, 경제, 사회, 문화면에서 본래의 목적보다 대중의 인기를 얻는 것을 목적으로 실현 불가능한 천국의 꿈을 공약에다 가져다 붙이는 것이다.

고통 자체를 없애는 것은 불가능하다. 자신의 고뇌를 외부의 누군가가 해결해 줄 것이라고 믿거나 의존해서는 더 비참한 결과를 초래할 뿐이다. 자기 스스로가 먼저 나서 자신의 인생을 긍정적인 방향으로 만들어나가야 한다. 그 누구도 여러분의 고통을 근본적으로 대신 해결해 줄 수 없다. 각 개인이 고통에 대한 생각을 바꾸고, 지금보다 더 나은 사람이 되기 위해 노력하는 수밖에 없다. 우리 삶의 무상함과 고통을 긍정하면서 오히려 그것들을 자신을 강화할 수 있는 기회로 전환할 수 있는 강한 의지력을 갖춘 사람만이 허무주의적 상황을 극복할 수 있다.

혹여, 행복의 성취를 방해하는 장애물들을 모두 제거하면 행복에 이를 수 있다고 생각한다면 그것은 큰 착각이다. 인간은 또 다른 고통을 마주하게 될 것이다. 아니, 스스로 고통을 만들어낼지도 모른다. 니체의 스승인 쇼펜하우어는 다음과 같이 말했다. "만물이 저절로 자라나고, 잘 구워진 종달새가 입 주위를 돌아다니고, 모든 사람이 마음만 먹으면 즉시 사랑하는 이를 찾을 수 있고, 어려움 없이 사랑을 가질 수 있는 그런 천국 같은 세상에 사람들을 밀어 넣는 다면, 아마도 그들은 지루함으로 죽어버리거나, 목을 매거나, 싸움질을 하거나, 자살하거나,

혹은 지금 자연이 그들에게 주고 있는 고통보다 더 큰 고통을 스스로 만들어 내게 될 것이다." 인간은 고통의 원인을 외부에서 찾으며 환경을 탓하지만 사실, 인간 존재 그 자체가 고통의 근원지인 것이다.

사는 것이 힘들다고 느껴질 때, 그래서 이 세상을 원망하는 마음이 생길 때 우리는 가혹한 운명을 탓할 것이 아니라 우리 자신의 의지와 생명력이 그만큼 약해진 것은 아닌지 살펴봐야 한다. 우리는 가혹한 운명을 마주할 때 스스로를 더욱 강하고 깊은 존재로 고양시킬 수 있다.

니체는 우리의 운명이 언제나 평온할 것이 아니라 가혹할 것을 바라야 한다고 하였다. 인간이 진정으로 원하는 것은 안락이 아니라 자신이 저항을 초극하여 강한 존재로 고양되고 있다는 느낌이기 때문이다. 가혹한 운명이야말로 나의 강인한 생명력과 위대성을 만끽할 수 있는 절호의 기회다. 똑같은 신체적 장애를 가지고 태어난 사람이라도, 누구에게는 그 장애가 운명을 탓하며 아무 노력도 하지 않아도 될 명분이 되지만 누구에게는 더욱 강해져야 할 동기가 된다. 같은 조건을 가진 이 두 사람이 삶을 대하는 태도는 극과 극이다. 강건한 정신을 가진 사람은 고통을 회피하지 않으며 오히려 그것을 적극적으로 마주해서 상승의 계기로 삼는다.

가혹한 운명과의 대결을 통해 자신을 더욱 강한 존재로 고양시키고 만다.

온갖 시련과 좌절을 겪으며 삶에 지치고 병든 인간들의 관점에서 이 세상은 추악하기 그지없는 곳이지만, 가혹한 역경을 자기 고양의 계기로 삼으면서 자신의 풍족한 생명력을 만끽하는 인간에게는 이 세상이 그저 아름답게 보일 뿐이다.

2장

초인(超人)의 탄생

1.

초인(übermensch), 나 자신을 초월하다

나는 너희들에게 초인(超人)을 가르치노라.
인간은 극복되어야 할 그 무엇이다!
그대들은 인간을 극복하기 위해 무엇을 하였는가?
지금까지 모든 존재들은 자신을 뛰어넘어 무엇인가를 창조해 왔다.

〈차라투스트라는 이렇게 말했다〉

인간은 짐승과 초인(超人) 사이에 놓인 밧줄이다.
심연 위에 걸쳐진 밧줄이다.
저쪽으로 건너가는 것도 위험하고 줄 가운데 있는 것도 위험하며 뒤돌아보는 것도 벌벌 떨고 있는 것도 멈춰 서는 것도 위험하다.
인간의 위대함은 그가 다리일 뿐 목적이 아니라는 데 있다.
인간이 사랑스러울 수 있는 것은 그가 건너가는 존재이며 몰락하는 존재라는 데 있다.

〈차라투스트라는 이렇게 말했다〉

여기서 말하는 초인(超人)(Übermensch)은 우리가 흔히 생각하는 Superman과 다르다.

니체의 초인(超人)은 전지전능한 신적 존재나 다양한 초능력을 쓰는 superman과 다른 의미를 갖는다. 초인(超人)(Übermensch)은 비극적 상황에서도 자긍심을 잃지 않고 기존의 가치를 뛰어넘어 새로운 가치를 창조하는 극복인(克復人)이다.(Übermensch를 '초인(超人)'이 아닌 '극복인'으로 번역해야 한다는 주장도 있지만, 필자는 '초인(超人)'이라는 단어가 주는 강렬한 느낌을 선호하기 때문에 '초인(超人)'이라는 표현을 사용한다.)

니체가 말하는 초인(超人)은 하늘을 날아다니거나 자동차를 한 손으로 들어 올리지는 못하지만, 삶의 모든 고통을 초극하며, 끊임없이 자기 자신을 뛰어넘어 새로운 가치를 창조할 수 있다.

초인(超人)이란 외부의 가치를 따르지 않고 자신의 가치를 만드는 사람, 인간의 불완전성이나 제한을 극복한 이상적 인간을 말한다. 항상 자기 자신을 극복하는 존재이며, 자신과 세계를 긍정할 수 있는 존재이자, 지상에 의미를 부여하고 그 의미를 완성하는 주인의 역할을 하는 존재다. 니체는 그의 저서 〈차라투스트라는 이렇게 말했다〉에서 초인(超人)이란 '지성과 긍지로 가득 차 있고 생명력은 넘쳐나며 그것으로써 자신의 한계에 끝없이 도전하여 자신을 높은 곳으로 끌어올리는 사람'이라고 서술하였다.

니체가 말한 초인(超人)은 대략 다음과 같은 인간으로 정의할 수 있다.

- 남이 제시한 가치관에 기대지 않는 자
- 자기 삶의 이데올로기를 스스로 세우는 자
- 고난과 고통이 있어도 거침없이 자신의 길을 걷는 자
- 기성 질서와 권위에 현혹되지 않는 자
- 나의 의지를 관철시키는 데 장애물이 있어도 담대한 태도로 밀어붙이는 자
- 자신의 한계를 끊임없이 초월하는 자
- 허무주의를 넘어선 인간
- 디오니소스적 긍정의 힘을 지닌 인간

우리는 내면에 고통이 없는 상태를 곧 이상적인 상태라고 생각한다. 고통이 없는 상태가 바로 행복 그 자체인 것이다. 하지만 항상 좋은 일만 일어나길 바라는 우리의 기대와는 달리 고통은 언제 어디서든 찾아와 현실 속의 우리를 괴롭힌다.

우리는 원하든 원하지 아니하든 육체적으로나 정신적으로나 고통을 겪을 수밖에 없는 처지에 놓여있다. 하지만 니체는

고통이 없는 상태를 행복이라고 하지 않는다. 고통 속에서도 힘이 증가하고 있다는 느낌, 저항을 초극했다는 느낌이 곧 생명력이 충만한 상태임을 말해주는 것이며 그것이 바로 행복이라고 말한다.

물론, 충만한 생명감은 힘들다고 바로 드러눕는 상태에서 얻을 수 없다. 철저히 자신과 투쟁하면서 스스로를 넘어설 때 느낄 수 있는 것이다. 이 점에서 초인(超人)은 고난을 견디는 것에 그치지 않고 고난을 사랑하는 사람이며, 오히려 고난이 찾아오기를 촉구하는 사람이다. 자신의 가혹한 운명마저도 사랑할 줄 아는 존재가 초인(超人)이다. 안락한 생존에만 연연하는 인간, 아주 작고 불편한 자극에도 불평을 쏟아내는 인간은 초인(超人)과 대조되는 존재로서 니체는 최후의 인간, 말인(末人)이라 했다. 초인(超人)과 대비되는 최후의 인간 말인(末人)은 쾌락과 만족에 빠진 나머지 모든 창조력을 잃어버린 사람들이다. 작은 쾌락이나 소일거리에서 행복을 찾는 대부분의 현대인들이 이러한 말인(末人)에 해당한다.

반면, 지성과 긍지로 가득 찬 초인(超人)은 넘치는 생명력으로 끊임없이 자신의 한계에 도전하며 더 높은 곳으로 자신을 끌어올리는 사람이다. 그는 위험을 무릅쓰고 투쟁하며 자신의 운명을 개척해 나간다. 그는 소심하지 않으며, 지속적으로 위대함을 갈망한다. 스스로 가치를 창조해내고 어린아이처럼 그것을 즐긴다.

유일한 욕망이 자신의 안락함이고 어떠한 형태로든 자신을 초월하는 그 무엇도 창조할 수 없는 말인(末人)과는 반대로 초인(超人)은 보편성에서 벗어나 자신의 독립적 가치를 창조할 수 있는 사람이다. 이것은 초인(超人)이 다른 사람들의 삶에 큰 영향을 미칠 수 있음을 의미한다.

초인(超人)은 존재의 고통을 알고 있기 때문에 고통받는 한 개인이기를 넘어서서 인류의 향상을 실천할 의향이 있는 존재다. 니체가 〈차라투스트라는 이렇게 말했다〉에서 묘사한 초인(超人)은 인류의 향상을 위해 자신의 모든 것을 기꺼이 감수하는 사람이다.

초인(超人)은 권력에의 의지로 다른 사람들의 생각에 영향을 미치고 그의 존재와 힘은 그가 죽은 뒤에도 살아남는다.

하지만 주의할 점은 니체가 말하는 초인(超人)이 반드시 위대한 업적을 낳은 천재, 높은 사회적 지위나 명성을 지닌 사람, 많은 돈을 가진 사람을 의미하는 것은 아니라는 점이다.

초인(超人)의 정신은 삶을 대하는 특정한 태도를 지칭한다.

그 태도라는 것은 세속적인 잣대를 기준으로 성공이라는 결과에 이르지 못했다 하더라도 의지의 발현을 가로막는 난관에도 불구하고 거침없이 자신의 길을 걷는 것, 자신의 한계를 끊임없이 초월하는 것, 디오니소스적 긍정으로 자신의 운명을 사랑하는 것을 말한다.

이러한 정신을 가진 사람이 바로 니체가 말한 초인(超人)이다.

니체의 초인(超人)사상이 소수의 권력자나 자본가들이 사회의 피지배층을 부려먹고 억압하는 것을 정당화해준 것으로 오인하는 사람들도 있지만, 이것은 니체의 '강자'나 '귀족'에 대한 명백한 오해다. 니체는 자신이 말하는 '귀족'이 귀족 명부에 나오는 그런 귀족과 다르다고 말한다. 그는 결코 권력이나 재산의 양을 두고 '강자'. '귀족', '주인'이라는 개념을 제시하지 않았다. 또한 다른 사람을 지배하기 위한 외적 원리에 그치는 것도 아니다. 오히려 그는 정치권력과 자본력을 틀어쥐고 있는 지배자들을 강자나 귀족이 아닌 권력과 자본의 노예로 표현했다. 그가 말한 강자는 가치의 창조와 관련이 있다. 가치의 기준을 스스로 정하고 그것에 따라 사물에 가치를 부여하는 사람인 것이다.

니체가 말한 초인(超人)은 자기실현으로서의 창조성을 발휘하는 사람에 가깝다. 그것이 반드시 막대한 권력이나 부를 보유했다거나 지적 재능이나 예술적 재능이 특별해야 함을 전제하지도 않는다.

당신이 특별한 재능으로서 창조성을 발휘하는 사람이든 자기실현으로서의 창조성을 발휘하는 사람이든 당신만의 것을 이 세상에 가장 탁월하고 용감하게 발현해내는 자가 바로 초인(超人)이고 자신의 삶을 조형하는 예술가다.

초인(超人)은 달성해야 할 목표가 아니라 적극적인 긍정으로 나아가는 하나의 과정으로서 그 의미를 갖는다. 초인(超人)을 추구할지 초라한 최후의 인간, 즉 말인(末人)으로 살아갈지는 당신의 선택에 달려있다.

2.
세 종류의 인간

정신은 어떻게 낙타가 되고, 낙타는 어떻게 사자가 되며, 사자는 어떻게 마침내 어린아이가 되는가.
정신에게는 참고 견뎌야 할 무거운 짐이 허다하게 많다.
이 정신은 낙타처럼 자신의 사막으로 서둘러 달려간다.
그곳에서 사자로 변한 낙타는 새로운 창조를 위한 자유를 쟁취하고, 어린아이로 변신해 기꺼이 새로운 가치를 창조해낸다. 어린아이는 순진무구하고 새로운 시작과 놀이, 스스로의 힘에 의해 돌아가는 바퀴다.

〈차라투스트라는 이렇게 말했다〉

형제들이여,
자유를 얻어내고,
의무에 대해서조차도 신성하게 '아니오'라고
말할 수 있기 위해서는
사자가 되어야 한다.

〈차라투스트라는 이렇게 말했다〉

무엇인가를 창조하려고 한다면 어린아이를 유심히 지켜보아라.
어린아이가 비밀을 말해 줄 것이다.
어린아이는 의도를 갖거나 기대하지 않는다.
하나하나가 새로운 시작이다.
그럼에도 기를 쓰지 않는다.
힘들이지도 않는다.
창조조차 유희다.
모든 것을 오롯이 혼자서 해낸다.
거기에는 성공도 실패도 없다.
모든 행동 하나하나가 유일무이한 기쁨을 가져다 준다.
자신의 손으로 만든 모든 것을 긍정한다.
그야 말로 성스러운 긍정이다.

〈차라투스트라는 이렇게 말했다〉

니체는 그의 저서 〈차라투스트라는 이렇게 말했다〉에서 어떤 존재가 초인(超人)에 도달하는 과정을 '낙타-사자-어린아이' 세 단계로 나누어 묘사했다.

낙타

종래의 모든 가치체계를 수용하며 자신에게 부여된 무거운 짐들을 지고 사막의 길을 순종하며 걸어가는 단계이다. 사회의 통념이나 이론, 그 밖의 모든 규율과 법칙들에 대해서 앎이 낙타의 단계라고 할 수 있다.

종래의 가치체계, 기존 지식이 충분히 축적되고 난 후 비로소 이에 대한 비판과 대안이 제시되고 새로운 무엇인가를 찾아 나설 수 있다. 그래서 초인(超人)이 되고자 한다면 먼저 기존의 것을 수용하는 낙타의 정신을 거쳐야 한다.

사자

초원의 왕인 사자는 자유의 상징이다.

무조건적인 복종에서 벗어나 나 자신을 되찾아 나를 표현 하는 단계이다.

사자는 자유를 갈망하고 고독을 견뎌내며 주체의식이 충만하다. 사자는 낙타처럼 '너는 해야 한다(You should).'에 순종하는 정신이 아니라 '나는 하고자 한다(I will).'라는 자유의지를 상징한다. 자신을 자각한 소수의 인간만이 뚜렷한 주체성을 가지고 기존의 질서에 의문을 제기할 수 있다. 하지만 자유에는 고통이 따르는 법. 우리가 사자이기 위해서는 고통을 감수해야 한다. 낙타는 타인이 만든 짐의 무게를 감당하며 걸어가지만, 사자는 스스로가 만든 짐의 무게를 감당해야 한다.

어린아이

어린아이는 있는 그대로의 자신을 받아들이고 삶을 그 자체로 즐기는 존재다. 특별히 무언가를 되려고 하지 않고 집착하지도 않는다. 자연스럽게 즐길 뿐이다.

개인을 억누르던 모든 사회적 관습은 어린아이 앞에서 힘없이 무너지고 만다. 어린이들은 놀이에 몰입하면서 부모나 다른 형제, 친구의 감정을 무시하고 자신의 욕구에 집중한다. 그만큼 자기 욕망에 충실한 상태다. 어린아이는 있는 그대로의 자신을 상징한다. 선입견도 없고 쉽게 망각하는 어린아이는 주변 환경, 타인, 나아가 자기 자신마저도 있는 그대로 받아들이는 순수한 긍정을 의미한다.

니체가 말하는 초인(超人)의 모습이다.

낙타는 순종적인 존재로서 복종, 순응하는 자를 말하며, 대부분의 모범적 인간을 지칭한다. 등에 실린 짐은 자기의 것이 아니지만 왜 그 짐을 짊어져야 하는지 모른 채 그냥 살아간다.

단지 그것이 자신에게 주어진 의무이기 때문에 그것에 순응하는 삶이다. 자신만의 판단 기준과 신념이 뚜렷하지 않으며 외부에 규정된 종교, 도덕, 집단, 사회가 정해준 절대성에 순응하며 살아간다. 사회적인 시선에서 볼 때 이러한 삶은 공감하는 삶이고 동조에 능숙한 삶이다. 주변에 자신을 맞추는 것은 좋은 평판을 쌓기에 유리하며, 세상을 가장 안정적으로 살아가는 방법이다.

하지만 낙타의 상태에만 머물러서는 위대한 창조를 기대할 수 없다. 위대함은 한 세계에서 다른 세계로 넘어가는 경계에 도사리고 있다. 물론, 초인(超人)이 되기 위한 여정을 시작했다면, 먼저 기존의 것을 수용할 줄 아는 낙타가 되어야 한다.

어떠한 학문도, 예술도, 철학도 저 혼자 독보적인 경우는 없다. 망치를 들었던 니체도 결국 무엇인가에 기대어 올라서 있다. 니체가 비판한 낡은 전통이 없다면 니체의 망치도 존재할 필요가 없다. 무엇인가를 비판하고 그것을 넘어서려면 먼저 그것에 대한 이해가 선행되어야 한다. 철학이라는 것도 결국은 누군가의 철학이 끝난 지점에서 한 발자국 더 나아가면 되는 것이고, 그 나아간 한 걸음을 독창성이라고 하는 것이다.

당신이 만약 위대한 화가가 되려 한다면, 먼저 수없이 많은 선과 곡선을 그려야 하고, 당신보다 앞선 위대한 화가들의 작품을 모방해야 할 것이다.

반면 사자는 순종적이지 않다. 사납고 반항적이다.
낙타가 자신의 종속성을 깨닫고 거기서 벗어나려는 움직임을 보일 때, 내면에서 참된 나(self)를 발견하고 자신만의 영역을 만들고자 모험을 떠날 때, 비로소 사자의 정신에 도달하게 된다. 옳고 그름을 주체적으로 판단해 능동적인 삶을 살려고 하는 인간으로서 탁월한 지성을 지닌 소수의 인간이다.

명화를 아주 완벽한 수준으로 모방해낼 수 있는 경지에 오른 화가는 이제 기존의 방식에서 벗어나 자신만의 고유한 작품세계와 화풍을 개발해내야 할 것이다. 그러나 기존에 없는 새로운 길을 연다는 것은 실로 매우 두렵고 불안한 일이다. 자신의 고유한 사상을 정립하고 그것을 세상에 드러내는 것은 매우 수고로운 일이며, 옷을 완전히 발가벗은 나체의 상태로 군중 앞에 나서는 것과 같다. 세상은 언제나 새로운 것에 대해 거부감을 갖기 마련이다.

사자는 긴 세월을 이어 내려온 사회적 관습의 결정체인 용과 투쟁을 하지만 용의 비늘은 너무나 튼튼하고 사자의 투쟁은 버거워 보인다.

사자는 결국, 자기보다 강한 용이라는 존재 앞에서 꼬리를 내리고 만다. 자유를 구속하는 관습의 힘에 저항하지만, 구속의 힘은 너무 견고하고 자유를 감당하는 것은 언제나 높은 수준의 불안을 야기하기 때문이다.

결국, 종속성에 대한 거부감과 자유에 대한 불안 사이에서 삶의 새로운 의미나 가치를 발견하지 못한 채 방황한다. 이 점에서 사자의 정신은 아직 불완전한 단계이다.

하지만 최종 단계라 할 수 있는 '어린아이'는 다르다.
순진무구하여 자신의 내면에 온전히 집중할 수 있고 외부의 다른 어떤 것에도 얽매이지 않는다. 어린아이는 사자가 이기지 못하는 강자 앞에서도 태연자약한 태도를 유지한다. 어떠한 억압과 구속에도 불구하고 모든 것에서 자유로운 인간이다. 니체가 말하는 궁극적 인간의 모습인 초인(超人)에 해당한다. 기존의 관습이나 규칙들을 기억할 필요가 없이 자신의 힘으로 모든 가치를 창출해 낼 수 있는 자에 해당한다.

사자는 용에 대항하면서도 수직적 관계로서 용을 바라보고 두려워했지만, 어린아이에게 있어 용은 그저 수평적으로 인식되는 놀이의 대상에 불과하다. 어린아이는 용을 순수하게 받아들일 뿐이다.

이처럼 초인(超人)은 모든 것을 순수하게 받아들이고 대처할 수 있는 경지에 도달해 있다. 모든 것을 순수하게 받아들인다는 것은 외부의 강요된 가치나 기준의 영향을 받지 않고 자유롭게 사고할 수 있다는 것을 의미한다.

초인(超人)의 경지는 현실의 원칙과 원리를 무시하고, 내면의 무의식적 충동과 욕망 및 환상에 완전히 몰입한 경지로서 이는 유아적 환상의 세계와 흡사하다. 아이들은 외부의 현실적 한계보다는 순수한 내면의 욕망과 의도에 집중한다. 순수한 어린아이는 자유롭게 사고하며 열린 마음으로 대상을 바라볼 수 있다. 때로는 특이하고 독창적인 추론들도 일어날 수 있다.

피카소도 말하였다. "난 어린 시절 이미 라파엘로처럼 (정밀하게) 그림을 그릴 수 있었다. 때문에 나는 천재가 아니었다. 그래서 나는 평생 어린아이처럼 그림을 그리기 위해 노력했다."

우리들은 처음 견습을 시작할 때 그것이 예술이건 특정 분야의 학문이건, 다른 사람의 작품과 이론을 그대로 모방하고 학습하라는 말을 듣는다.

우리는 구성 및 형식을 배운다. 명작의 모조품을 만들기 위해 열심히 노력한다. 그러나 견습을 마칠 때, 우리는 우리의 주인을 죽이는 방법을 배워야 한다. 익숙해질수록, 지식과 경험이 많아질수록 어느 순간 규칙을 잊어버려야 할 때가 찾아오는 것이다.

처음에는 연습과 모방의 단계를 거치지만 결국엔 그것을 초월하는 자신만의 고유성을 스스로 담아내야만 한다. 많은 지식을 보유한 동시에 그 기량에 지배당하지 않는 순수한 어린아이와 같은 모습을 유지해야 한다. 자신이 쌓아 올린 지식과 기량에 집착하면 독창성은 발현되지 못한다.

독창성(originality)의 어원을 보면 말 그대로 자기 자신의 근원(origin)까지 내려가야만 얻어낼 수 있는 것이다. 묵은 지식과 관념을 걷어내고 우리 내면의 무의식에 몸을 맡겨보자. 그리고 외부 세상을 자기만의 솔직한 방식대로 받아들여 보자. 항상 우리 가까이 존재해왔지만, 전혀 생각지도 못했던 놀랍고 참신한 아이디어들이 떠오를 것이다.

3.
권력에의 의지

살아 있는 것을 발견할 때마다 나는 권력(힘)에의 의지도 함께 발견했다. 심지어 누군가를 모시고 있는 자의 의지에서조차 나는 주인이 되고자 하는 의지를 발견했다.

〈차라투스트라는 이렇게 말했다〉

최고의 현자들이어, 그대들은 그대들을 몰아내고 움직이는 것을 진리에의 의지라고 믿는가?

그대들의 의지는 일체의 존재자가 그대들에게 복종을 요구한다. 그것들은 정신의 거울과 반영으로서 매끄러워야 하며, 정신에 복종해야만 한다. 최고의 현자들이여, 이것이야말로 그대들의 모든 의지다. 이것이 일종의 권력에 대한 의지다.

〈차라투스트라는 이렇게 말했다〉

니체의 용어 'Wille Zur Macht'를 '힘에의 의지'로 번역하기도 하고 '권력에의 의지'로 번역하기도 하는데, 여기서 '권력(힘)'은 꼭 정치적 차원의 지위나 권력만을 의미하진 않는다.

때문에 자기 자신을 제대로 자각하지 못하고 외부 명성이나 사회적 지위만을 맹목적으로 쫓아가는 사람은 권력에의 의지를 가치로 설정한 사람이라고 보기 어렵다. 그들은 권력을 손에 쟁취하고 나면 더 이상 무엇을 해야하는 지를 알지 못한다. 이들은 무엇인가를 창조할 힘을 가졌음에도 창조를 하지 못한다. 니체는 그러한 사람들을 권력의 노예라고 보았다.

권력(힘)을 추구한다고 하면 사람들은 사회적 지위와 결부시켜 경계심을 갖기 마련이다. 이 세상은 지배하는 자와 지배당하는 자, 명령하는 자와 명령 받는 자로 나뉘어 있고 언제나 후자가 다수를 차지하면서도 소수에게 착취와 복종을 강요받아왔기 때문이다.

그래서 사람들은 '권위'를 추구하는 것은 정당한 것, 마땅한 것, 심지어 아름다운 것으로 여기는 반면, 권력을 추구하는 태도에 대해서는 천박하다고 생각하며 경계심을 갖기 마련이다. 절대 권력은 절대적으로 부패한다는 슬로건 역시 권력에 대한 부정적인 이미지를 각인시키는 데 한몫했다.

하지만 니체는 이를 뒤집는다. 사람들이 권력 추구를 사악한 것으로 여기지만 알고 보면 본인들 역시 그 누구보다도 권력을 추구한다는 것이다.

지금까지 그 의도가 순수하고 고상하다고 여겨졌던 신념이나 구호들을 되짚어보면, 결국 그 근저에는 '권력(힘)에의 의지'가 도사리고 있다는 것이 니체의 진단이다. 단지 도덕적 우월성을 부여하여 표면적으로만 그럴싸하게 포장했을 뿐이다.

니체는 아주 자신 있게 말한다. 생명이 있는 모든 것은 발견할 때마다 그 안에 권력에의 의지가 깃들어 있음을 말이다. 심지어 노예로서 주인을 시중드는 자에게서도 스스로 주인이 되고자 하는 의지를 발견했다고 말한다. 주인은 노예 없이 아무것도 할 수 없다. 노예가 주인 곁에서 모든 잡일을 도맡아 해주기 때문이다. 노예는 어떻게 권력을 추구하는가? 노예는 주인이 자신에게 모든 면에서 최대한 의존하게 함으로써 권력을 추구한다. 결국, 약자든 강자든 생명이 있는 모든 것은 각자의 위치에서 힘을 추구한다는 것이다. 더 나아가 니체는 학자들이 진리를 추구하는 과정에도 권력이 개입된다고 보았다. 니체는 진리를 추구하는 의지도 곧 권력에의 의지로 보았다. 후기 니체주의자로 평가받는 현대 철학자 미셸 푸코의 지적에 따르면 사회의 지식담론이 형성되고, 유통되고, 분배되고, 소멸하는 모든 과정에서 권력이 개입한다고 한다. 그가 볼 때 지식은 보편적이고 중립적인 논리가 아니라 권력과 밀접하게 연계되어 최종적으로 지배와 조종을 목표로 하는 정보체계다.(하지만 우리가 주의할 점은 니체의 말을 권력과 야합한 지식에 대한 비판 정도로 이해해서는 안 된다는 것이다. 니체는 지식의 권력화를 비판한 것이 아니라, 지식을 포함한 모든 것은 외부적으로 진리를 추구하는 것처럼 보이는 것과는 별개로 결국 힘을 확보하려는 의지가 깃들어 있음을 강조하는 것이다.)

권력에의 의지란 살아있는 모든 것의 내적 역동성, 주인이 되고자 하며 보다 크고 강력하고자 하는 의지다. 자기 강화와 자기극복에의 의지며, 자신의 힘으로 자신을 구원하고자 하는 의지다.

권력, 즉 힘은 그 자체로 선도 악도 아니다. 생명이 있는 모든 곳에는 권력을 향한 의지가 있다.

이 세상의 모든 살아 있는 것이 자신의 힘을 증대시키고자 하는 욕망을 가지고 있다면, 우리는 권력에 대한 편견과 선입견을 걷어내고, 권력의 속성에서 다른 가치를 발견해야 한다.

권력 증대에 대한 욕망을 억누르거나 덮어두기보다는 그것을 인정하고 적극적으로 추구하는 편이 훨씬 자연스럽고 '나'다운 삶을 누리게 될 것이다. 권력은 창조의 동기가 된다. 새로운 것을 창조하려면 자유가 있어야 하고 자유는 힘을 필요로 한다. 자유롭고자 하는 모든 자는 자유로울 수 있는 힘을 가져야 한다.

권력 감정은 자신의 가진 힘의 정도를 확인하고 그것을 실현할 수 있음을 느끼는 것이다. 그러기에 우리는 여러 가지 현실적 제약 속에서도 희망을 품고 살 수 있다.

권력관계에서 가장 하부에 존재하는 약자는 자유를 추구하는 자들이다.

복종하는 자, 약자는 명령하는 자, 강자로부터 자유로워지려고 노력한다. 그래서 자유를 추구하는 사람은 권력관계에서 을이다. 반대로 권력관계에서 가장 상층부에 존재하는 강자는 관용과 사랑을 베푸는 자다.

권력이 흘러넘치는 사람은 상대방의 저항이나 복종에 상관없이 그들에게 관용을 베풀 수 있을 정도의 힘을 가진 사람이다. 이들은 여유롭다. 이들은 결코 소심하지 않으며 넉넉하다.

니체가 기독교적 사랑을 비판했다는 점에서 사랑을 말하는 니체의 행동이 얼핏 모순되어 보이지만, 기독교적 사랑과 니체가 말하는 사랑은 다르다.

기독교적 사랑이 약자들이 스스로의 생존을 위해 내세우는 이데올로기적인 사랑이라면 니체의 사랑은 강함을 기반으로 한 사랑이다. 권력에의 의지의 관점에서 진정한 강자는 사랑할 줄 아는 자, 다시 말해 사랑을 베풀 힘과 여유가 있는 자다.

권력이 미약한 사람은 주변을 곁눈질하며 비교를 한다. 비교는 시기와 질투 그리고 경계심을 낳는다. 우리는 동료나 친구의 재능이나 지위가 자신의 것보다 앞설 기미를 보이면 질투심을 갖는다. 하지만 권력이 넘치는 사람은 시기도 질투도 하지 않으며 높아지려는 모든 이들을 허용하고 관용한다. 이는 수동적인 기독교적 사랑과 반대되는 개념이다.

4.
앞으로 나아가는 화살

누구나 자기 미래의 꿈에 계속 또 다른 꿈을 더해가는 적극적인 삶을 살아야 한다. 현재의 작은 성취에 만족하거나 소소한 난관에 봉착할 때마다 다음에 마주할지 모를 장벽을 걱정하며 미래를 향한 발걸음을 멈춰선 안 된다.

〈차라투스트라는 이렇게 말했다〉

천재의 본질은 끊임없이 나아가는 것에 있다.
우리가 천재성이라고 부르는 것은 무엇인가?
핏줄에서 갑자기 솟아오르는 것인가?
자연이 제멋대로 담은 특수한 인간의 기지를 말하는가? 아니다. 일종의 의지, 일종의 행동, 즉 높은 이상을 갈망하고 그곳에 도달하기 위해 끊임없이 방법을 강구하는 것이 바로 천재성의 본질이다.

〈인간적인 너무나 인간적인〉

니체가 말하는 초인(超人)은 현재의 자신을 초월하겠다는 결의로 미래를 향한 동경에 동경을 거듭하는 사람이다.

이는 앞을 향해 계속 나아가는 화살과도 같은 것이다. 현재보다 퇴보하길 원하는 인간은 없다. 지금보다 성장하고 발전하면서 더 나은 나를 만드는 것이 모든 이들의 꿈일 것이다. 이것을 단순히 꿈이나 희망 사항 정도로 가지고 있는 것이 아니라 몸소 실천하는 사람이 바로 초인(超人)이다.

그렇다면 우리에게 너 자신을 극복하며 앞으로 나아갈 것을 역설한 니체는 어떠한 삶을 살았을까?

늘 승승장구하는 인생을 살았을까?

니체는 천재적인 언어적 재능을 타고나서 인생 초기에는 25세에 바젤대학의 교수가 되는 등 나름대로 성공 가도를 달렸다. 하지만 교수가 된 지 10년도 되지 않아 건강이 급속도로 악화되어 교수직을 내려놓게 된다. 그 후 병과 사투를 벌이며 연구와 집필에 몰두할 수 있는 환경을 찾아 방랑생활을 하기 시작한다.

그가 출간한 책은 그 당시에 전혀 주목받지 못했다. 그의 저서 〈차라투스트라는 이렇게 말했다〉역시 출판사로부터 좋은 평을 받지 못해 결국 자비로 출판해야 했다. 몇 권 팔리지도 않았으며, 주변 사람들에게 책의 증정본을 나눠주었지만 단 한

명에게도 좋은 평을 듣지 못했다. 게다가 45세의 젊은 나이에 광기가 엄습해오면서 그는 죽는 날까지 10년을 병석에서 식물 인간처럼 지냈다. 이를 통해 볼 때 니체의 삶이 절대 평탄하지 않았다는 사실을 알 수 있다.

만약 니체가 늘 승승장구하는 삶을 살았다면, 니체의 "너 자신을 극복하라"라는 말이나 "네 운명을 사랑하라"라는 말도 그 무게를 잃었을 것이다. 늘 승승장구하는 삶이라면 그 누구라도 자신의 운명을 긍정하고 사랑할 수 있을 것이니 말이다.

하지만 니체는 천재 철학자였음에도 그 당시 학계는 물론 대중들에게도 철저히 외면당했다. 기존의 종교 질서를 비판한 결과로 그를 향한 종교계와 윤리주의자들의 비난이 쇄도했다. 그는 친구도 별로 없었고 평생 아픈 몸을 이끌며 고단한 삶을 이어갔다.

니체는 철저하게 비시대적 인물이었다. 시대는 니체를 이해하지 못했다. 시대는 니체의 재능을 겨우 뒤쫓아 현대에 이르러서야 그 진가를 알아보았다. 하지만 니체는 살아있을 당시 세상의 질타와 비판에 굴하지 않고, 스스로 하나의 화살이 되어 자신만의 동경을 향해 나아갔다. 니체는 가혹한 운명 속에서도 자신의 삶을 사랑했고 긍정했다. '초인(超人) 사상'을 잉

태한 니체는 먼저 스스로가 초인(超人)이 되었던 셈이다.

사실, 인간에게 성공이라는 것은 없다. 그것은 니체가 말한 초인(超人)에게 있어서도 마찬가지다. 그저 긴 프로세스가 있을 뿐이다. 지금 눈앞에 있는 과제를 해결하면 더 큰 과제가 우리에게 다가온다. 이러한 과정이 계속 반복될 뿐이다. 칼 포퍼라는 철학자도 "삶은 문제 해결의 연속이다."라고 말했다. 인생은 하나의 과정이지 소설처럼 기승전결로 마감되지 않는다. 삶에서 마주하는 문제와 끊임없이 부딪히고 싸우면서 점점 더 나은 사람이 되는 수밖에 없다.

자기 자신을 극복할 능력을 가진 사람들은 결과적으로 대단한 업적을 이루지 못한다 할지라도 초인(超人)이라고 말할 수 있다. 초인(超人)과 말인(末人)을 구분하는 기준은 실존양식이다. 즉 삶의 방식, 삶을 대하는 태도다. 하나의 화살이 되어 계속 앞으로 나아가야 한다.

꿈이 깨져도 그 조각은 크다. 정신이 위대할수록 성공하는 경우는 그만큼 드물다. 쉬운 길은 누구나 갈 수 있다. 사람들이 수천, 수만명이 지나다녀서 평평해진 길은 누구도 힘들이지 않고 걸어갈 수 있다. 하지만 그 누구도 가본 적이 없는 길, 다시 말해 어려운 일일수록 실패자가 많은 법이다.

그래서 당신이 위대한 인간의 길을 가고 있는 도중에 넘어졌다고 해서 그것을 부끄러워하거나 절망감에 빠질 필요는 없다.

용기를 내야 한다. 일이 실패하더라도 어쨌든 우리의 삶은 계속 이어지고 우리는 앞으로 나가야만 한다.

절반만 성공했다고 해도 당신은 이미 고만고만한 사람들의 무리에서 벗어나 있다.

영웅이 실패해도 영웅인 것은 그 뜻과 이상이 고귀하기 때문이다. 그래서 영웅은 죽음을 당할지언정 결코 파괴되지 않는다.

3장

진정한 너 자신이 되어라

1.
너 자신을 항상 존귀한 인간으로 대하라

자기 자신을 하찮은 사람으로 폄하하지 말라. 그런 태도는 자신의 행동과 사고를 경직되게 만든다. 무슨일을 해도 자기 자신을 사랑하는 것으로부터 시작하라. 지금까지 살면서 아직 아무것도 이루지 못했을지라도 자신을 항상 존귀한 인간으로 대하고 사랑하라.

자기 자신을 사랑하면 결코 악행을 저지르지 않고 누구로부터 지탄받을 일도 저지르지 않게 된다. 그런 태도가 미래를 꿈꾸는 데 있어 가장 강력한 힘으로 작용한다는 사실을 절대로 잊지 마라.

〈이 사람을 보라〉

누군가가 자기 자신을 혐오한다면 그를 두려워해야 한다. 왜냐하면 우리가 그의 분노와 복수의 희생양이 될 것이기 때문이다.

우리는 그가 스스로를 사랑할 수 있도록 도울 방법을 강구해야만 한다.

〈아침놀〉

우리들, 인식하는 인간들은 우리들 자신에 대해서는 모르고 있다. 거기엔 그럴만한 이유가 있다.

우리는 일찍이 자신에 대해 탐구를 해본적이 없었다.

〈도덕의 계보학〉

니체는 자신의 저서 〈차라투스트라는 이렇게 말했다〉의 실패에도 불구하고 자신의 진가를 세상에 널리 알리기 위해 〈이 사람을 보라〉라는 책을 써냈다. 이 책에서 니체는 자신의 저서 〈차라투스트라는 이렇게 말했다〉를 두고 인류 역사상 가장 위대한 작품이라고 언급했데, 이는 실로 엄청난 자신감이 아닐 수 없다.

하지만 진짜로 말문이 막히는 부분은 다음과 같은 장의 제목들이다.

이 책에는 '나는 왜 이렇게 지혜로운가?', '나는 왜 이렇게 똑똑한가?', '나는 왜 이렇게 좋은 책들을 쓰는가?' 등의 실로 엄청난 제목들이 열거되고 있다. 이것은 자신감의 범위를 한참 벗어난 것으로 일종의 광기처럼 보인다. 모두들 니체가 나르시시스트로 보일 것이다. 심리학자 칼 융은 니체의 이러한 모습을 '과대 망상증' 또는 일종의 자아팽창의 광기로 언급한 바 있다.(니체를 두고 여러가지 해석들이 난무하지만 어쨌든 자의식이 강한 인물임에는 틀림이 없다.) 하지만 필자는 니체의 자화자찬적인 태도에 대해 일정 부분 긍정적인 평가를 내린다. 그가 자의식이 강했던 것은 사실이지만, 그의 자신감 있는 태도는 분명 수긍할 만한 것이며, 멋있어 보이기까지 한다.

니체는 철학자이기 이전에 신학과 고전문헌학을 공부했으며 겨우 25세의 나이에 논문도 없이 자신이 써낸 저서만으로 고전 문헌학 교수가 될 만큼 천재였다.

그가 탁월한 비평능력과 깊은 통찰력을 겸비하고 있었음은 모두가 인정하는 사실이다. 그러한 그가 자신의 탁월한 비평능력으로 객관적인 제3자의 입장에서 자신과 자신의 철학을 논한 책이 바로 〈이 사람을 보라〉이다. 이것은 단순한 지적 허영심이나 자기 자랑과 차원이 다른 것이다. 그는 자신의 능력을 철저히 신뢰했고, 언젠가는 자신의 진가가 증명될 것이라고 생각했다. 사후, 실제로 그의 예상이 실현되었으니 그의 말이 허무맹랑한 것은 아닌 셈이다. 지금 인류는 그를 20세기의 가장 위대한 철학자로 기억한다.

여기서 우리는 스스로를 대하는 니체의 당당한 태도를 배워야 할 필요가 있다.

실력도 없는데 자기를 과대평가하라는 것이 아니라 자신에게 당당히 높은 점수를 줄 수 있을 만큼 스스로를 성장시키라는 것이다. 자기 실력이 정말로 대단한 경지에까지 이르렀다면 자신의 재능을 낮추며 머리를 조아리지 말고 당당하게 세상을 향해 PR을 하라는 것이다. 작가 중에는 오랜 기간 공들여온 자신의 야심작을 졸작이라고 낮추며 겸손을 떠는 경우가 많은데, 이는 타인을 불편하게 만들거나 그들로부터 공격을 받을 것을 염려하여 타인에 대한 배려라는 명목으로 스스로를 한참이나 깎아내리는 태도다.

이러한 태도로는 콧대 높은 천재들의 세계에서 결코 살아남을 수 없다.

특히 오늘과 같은 자기 PR의 시대에는 세상에 자신의 개성과 독창성을 아주 확실하게 드러내야 한다. 겸손을 핑계로 자신을 드러낼 줄 모르면 고만고만한 사람들 사이에 섞여 그 존재 자체가 희석되고 말 것이다. 다른 사람들이 자신을 어떻게 생각하든 휘둘리지 않고 자신을 드러낼 수 있는 건강한 자기애는 필수다. 주로 그럴만한 능력과 용기가 없는 사람들이 타인의 당당한 자신감을 오만함으로 폄하할 뿐이다.

자기 자신을 사랑할 수 있는 사람만이 다른 사람도, 천하도 사랑할 수 있다.

당신은 스스로 재능이 부족하다고 생각하는가? 스스로의 위대성에 대하여 확신이 들지 않는가? 지금까지 이렇다 할 성과를 내본 적이 없는가? 당신을 평가해온 사회의 보편적 기준에 종속되지 마라. 당신의 가치는 오직 당신만이 알 수 있다.

사회는 한 개인을 평가할 때 고유성을 반영하지 않는다. 사회적 제도나 평가 도구는 행정상의 효율성을 추구하므로 대다수의 사람들에게 대략적으로 적용될 수 있는 보편적 기준을 만들고 활용할 뿐이다. 범주화는 당신의 독특한 개성과 정체성을 말살시킨다. 당신이 다른 사람들과 공유하고 있는 추상적 특징만을 강조하는 것이다. 평균화, 범주화, 보편화는 당신의 고유성을 희석시킨다. 평균은 존재하지 않는다. 평균은 허상이다. 그 허상에서 벗어나 당신의 진정한 힘을 되찾길 바란다.

2.
자신을 경멸할 수 있는 자

그대들에게 말하거니와, 춤추는 별을 낳으려면
인간은 자신 속에 혼돈을 간직하고 있어야 한다.
슬프다! 인간이 더 이상 별을 낳지 못하는 때가 오겠구나!
슬프다! 자기 자신을 더 이상 경멸할 줄 모르는,
경멸스럽기 그지없는 인간들의 시대가 오고 있다!
보라! 나는 그대들에게 말종 인간을 보여주련다.

〈차라투스트라는 이렇게 말했다〉

능력있는 사람이 자기 재능만 믿고 그것에만 의지한다면, 그 수준에서 더 이상 벗어날 수 없다. 그러나 그가 자기 안의 불완전함, 미숙함 등을 자각해낸다면, 그 망가진 곳을 통해 새로운 자신을 보게 될 것이다. 그리고 그것에 도달하기 위한 자기 혁신을 시작하게 만든다.

〈인간적인 너무나 인간적인〉

니체는 '너 자신을 사랑하라', '진정한 너 자신이 되어라' 라고 말하면서도 자기 자신을 극복하라고 말한다.

두 말은 서로 모순되어 보인다. 자신을 사랑하라고 할 때는 언제고 자신을 경멸할 줄 알아야 한다니 이것이 대체 무슨 말인가? 하지만 전자의 자신과 후자의 자신은 서로 다르다.

전자의 자신은 참된 자아, 즉 참나(self)를 의미하는 것이며, 후자의 자신은 사회가 당신에게 요구하거나 당신을 규정하는 거짓 자아를 말한다. 그래서 자기를 극복하라는 말은 거짓됨을 극복하고 내면의 진정한 자신을 자각하라는 뜻으로 받아들이면 된다.

결국 니체가 말하는 자기극복은 내면의 욕망과 충동을 어떻게 창조적인 에너지로 전환할 것인가의 문제로 귀착된다.

니체가 볼 때 서구의 형이상학은 이성으로 인간의 욕망을 억압해왔다. 2천 년 역사의 서구 형이상학은 이성이라는 이름의 위선의 역사였다. 기존의 관습과 질서에 도전했던 창조적 인물들은 광인이나 악인으로 취급되었다. 니체는 〈선악의 저편〉에서 선악을 규정짓는 도덕들을 신랄하게 비판한다. 인간 내면의 무의식적 욕망은 그 자체로 억압과 은폐의 대상이 아니라 극복의 대상일 뿐이다. 진정한 자기 극복이란 진정한 자신의 모습을 자각하고 독립적이고 자율적인 존재가 되는 것을 의미한다. 그것은 자신을 의존적이고 나약하게 만드는 모든 종류의 신앙이나 스승을 버리고 홀로 서는 것이다.

자기를 부정할 줄 모르면 우리는 새로운 가치를 창조할 수 없다. 어떤 사람들은 늘 일상의 현상에 안주하고 맹목적인 자만에 빠진다. 자신의 지식과 경험을 맹신하며, 자신은 이미 훌륭한 인재이자 최고의 인간이라고 생각하는 것이다. 하지만 니체는 그러한 생각을 천박하다고 여겼다. 자신을 경멸하지 못하는 인간은 결코 초인(超人)으로 나아갈 수 없기 때문이다. 자신을 경멸하지 못하는 사람은 몰락할 수 없는 사람이다. 몰락하지 않는 사람은 변신할 수 없는 사람이다. 세상에서 끊임없이 생성과 몰락을 거듭할 수 없다.

인간이 초인(超人)으로 넘어가는 과정은 발전이라기보다는 몰락을 거친 도약이나 변신에 가깝다. 다시 말해 양적인 강화를 통한 발전이 아니라 다른 세계로의 도약을 의미하는 것이다.

긍정의 선행조건은 부정이다. 자신을 제대로 자각함으로써 나쁜 점을 고치려는 의지를 가질 때, 비로소 우리는 기존의 자신을 몰락시키고 새로운 존재로의 변신을 도모할 수 있다.

인간은 낙타, 사자, 어린아이 3단계를 거쳐 초인(超人)이 된다.

낙타는 복종하는 정신이다. 자신에게 주어진 의무에 거부표시를 하지 못하고 '예'라고 대답한다. 하지만 사자는 낙타의 강화를 통해 달성되는 것이 아니다. 등위에 아무리 많은 짐을 올려놓고 그것을 버틸 수 있어도 낙타는 결코 사자가 될 수 없다. 사자가 되기 위해서는 자신에게 주어진 의무에 대해 '아니오'라고 말할 줄 알아야 한다. 다시 말해 자유에 대한 의지가 있다는 것은 '나'자신이 존재한다는 의미다. '나'는 다른 사람과 다르다는 것을 아는 것이다. 사자가 '아니오'라고 외치는 것은 사실 그 이전에 '하고 싶다'를 외치는 존재이기 때문이다.

사자는 자기 욕망을 알고 자유를 추구하는 정신이다. 낙타에서 사자로의 변신은 일직선 상 내의 발전이기보다는 도약에 가깝다. 낙타가 사자로 변신하기 위해서는 지금까지의 자신을 경멸할 줄 알고 몰락해야 한다. 낙타가 기존보다 두 배, 세 배 많은 짐을 짊어지고 버틸 수 있다고 해도 그것을 긍정만 해서는 결코 사자의 정신에 도달할 수 없다.

사자가 어린 아이의 단계로 변신하는 것도 마찬가지다.

사자와 어린아이 모두 '권력에의 의지'를 추구하며, 자신의 욕망을 알고 자신에게 주어진 사회적 의무와 관습에 대해 '아니오'를 외치지만 사자는 으르릉거리며 '아니오'를 외치는 데 반해, 어린아이는 웃으면서 '아니오'를 외친다. 낙타가 사자로 변신했다고 해서 무게가 사라지는 것은 아니다. 낙타는 타인이 강요한 짐의 무게를 버티지만, 사자는 스스로 만들어낸 짐의 무게를 버틸 뿐이다. 사자는 명령하는 정신이자 순종하는 정신이다. 내가 설정한 가치를 자율적으로 따른다. 사자는 자유를 추구하지만, 불안을 감당해야 하는 존재다. 기존 질서에 대한 거부감과 그것을 거부함으로써 감당해야 할 불안은 너무나 무거운 것이다. 하지만 이래서는 하늘을 날 수 없다. 거부감과 불안은 너무나 무거운 정신이기 때문에 선과 악, 강제, 율법을 뛰어넘으려고 시도하는 자도 결국 관습과 도덕이 정해놓은 선을 쉽게 넘어서지 못하고 만다.

또다른 세계로 도약하기 위해서 사자는 춤추고 웃는 법을 배워야 한다. 니체는 고통과 역경이라는 태풍에 자신의 몸을 맡기고 날개만 편 채로 그 속에서 하늘을 날아오르는 알바트로스를 사랑했다. 이처럼 사자와 어린아이는 권력에의 의지를 추구하면서 같은 말을 하지만, 전혀 다른 존재라고 볼 수 있다.

이처럼 인간이 초인으로 변신하기 위해서는 현 단계의 자신을 경멸하고 몰락할 수 있어야 한다. 그래야만 전혀 다른 세계로 도약할 수 있다.

인생의 결정권을 쥐기 위해 몰락도 불사하는 인간이야말로 진정한 삶의 주인이다. 삶의 주인은 몰락할 수밖에 없고, 몰락이야말로 주체성의 커다란 증거이다. 니체는 이런 사람을 초인

(超人)이라고 불렀다.

자기 자신이기 위한 투쟁!

니체는 자신의 의지대로 살아야만 삶의 주인이라고 했다. 인생은 자기 삶의 주인이 되기 위한 투쟁이다.

3.
나의 가치는 내가 창조한다.

이것이 나의 길이다. 너희들의 길은 어디에 있는가?
나는 내게 길을 묻는 자들에게 이렇게 대꾸해왔다.
왜냐하면, 모두가 가야할 단 하나의 길이란 아예 존재하지 않기 때문이다.

〈차라투스트라는 이렇게 말했다〉

누군가가 이미 만들어놓은 길을 걷지 마라. 앞서 간 누군가의 방식이나 지도자가 제시하는 길에 당신을 맞추지 마라. 오직 당신만의 길을 가라. 막연할지라도 당신만의 길을 넓혀가라. 그렇게 스스로를 이끌고 당당하게 나아가라.

〈즐거운 학문〉

인생의 승자와 패자를 가르는 기준엔 여러 가지가 있지만, 결국 차별화를 만들어낼 수 있느냐, 없느냐로 결정된다.

자신의 고유성을 감당하고 차별적 가치를 생산하는 사람은 승자가 되고, 그저 남이 정해준 각본에 따라 아무런 가치도 만들어내지 못하는 사람은 종속적인 삶을 살게 된다. 자기 내면에 대한 탐구가 빈약한 사람일수록 자신이 추구하는 가치가 무엇인지도 모른 채, 그저 집단이 정해준 행복의 기준을 맹목적으로 좇게 된다. 이들은 꽤 성실하고 진취적인 사람처럼 보이지만 사실은 자신의 욕망보다는 남들에게 뒤처지지 않겠다는 안도감을 더욱 갈망한다. 자신의 존재가치를 자신의 고유성이나 독창성이 아닌 타인의 시선 속에서 찾는 사람은 아무리 노력해도 종속적인 삶을 살게 될 뿐이다.

니체가 말하는 '권력에의 의지'는 마냥 성공을 추구하는 것, 엘리트를 추구하는 것이 아니다. 사회가 좋은 것이라고 정해놓은 성공의 기준들을 맹목적으로 좇는 태도를 니체는 비판한다. 권력에의 의지는 자신의 욕망을 추구하는 것이다. 여기서 말하는 욕망은 자기 본연의 것을 말하는 것이지 외부에서 타인이 주입한 것들이 아니다. 성공을 추구하는 것은 권장할 만한 일이다. 하지만 당신이 추구하는 성공이 무엇인지 알아보고 달려드는 것이 중요하다. 당신이 추구하는 성공은 당신 내면으로부터 흘러나온 것인가?

당신이 타인의 성공을 추구한다면 아무리 탁월한 성취를 이룬다고 해도 그 성취감이 당신의 참된 욕망을 대리 충족시켜줄 수는 없을 것이다.

방향이 틀린 성취는 공허할 뿐이다.

자신을 아는 지식은 자신이 유일한 존재가 될 완벽한 특권을 자신에게 부여한다.

특권적 삶을 누릴 자격을 찾고 싶다면, 우선 나를, 나 자신에게 인도할 존재의 안내자가 외부에 있다고 믿는 태도를 버려야 한다.

나를 타인과 혼동하지 않고, 대체 불가능한 존재, 유일한 존재로 세우는 방법을 정확하고 세밀하게 아는 존재는 오직 나 자신뿐이다. 자신의 차별적 가치를 생산하는 사람들은 자기 역량에 집중하는 사람이다. 자신의 색깔이 보편성에서 다소 벗어나 있더라도 그것을 과감하고 탁월하게 세상이라는 도화지 위에 그려낸다.

70억 인구 중 그 누구도 당신과 똑같이 생긴 사람은 없다. 성격이나 재능도 마찬가지다. 관심사도 모두 제각각이다. 모두들 미세하게 다르다. 결국, 우리는 '나'자신에 집중해야 한다. 모두가 지나다니는 길은 없다. 각자는 '나'만의 길을 간다.

자기 삶을 어떻게 꾸려나갈 것인지, 어떻게 성공으로 자신을 이끌 것인지, 자신만의 정답은 무엇인지에 대해 치열하게 탐구해야 한다.

멘토에게서도 인생의 정답을 구하지 말라

멘토가 있다는 것은 좋은 일이다. 그들의 성공 노하우는 우리가 자신을 실현하는데 들어갈 시간과 비용을 줄여줄 수 있다. 하지만 정답을 도출해내는 것, 삶을 움직이는 것은 언제나 당신의 몫이다. 그들에게 도움을 청하라, 그러나 정답을 요구하거나 기대하지는 말라.

스티브 잡스, 워런 버핏, 일론머스크는 이 시대를 대표하는 천재들이다.

그들은 멋지다. 그들의 사고법과 노하우를 추적하고 학습하는 것도 권장할 만한 일이다.

그들처럼 사유함으로써 자신의 인생에 새로운 변화를 시도하는 것도 멋진 일이다. 그들의 모습이 담긴 티셔츠를 입거나 그들이 초상이 그려진 책을 들고 다니며 마치 그들이 된 것 같은 만족감을 느끼는 것도 좋다. 스스로 일론 머스크가 된 것 같은 느낌도 나쁘지 않다.

하지만 그들을 무작정 따라 하기만 해선 안 된다. 그런 식으로는 당신의 삶에 어떠한 변화도 기대할 수 없다. 철저하게 스티브 잡스를, 일론 머스크를, 워런 버핏을 자기 자신화 해야 한다. 그들을 반드시 자신의 것으로 만들어야 한다. 그들을 맹목적으로 추구하는 것은 또 하나의 믿음 체계에 복종하는 것밖에 되지 않는다. 직장생활을 하든, 사업을 하든, 예술을 하든 당신은 자신만의 길을 만들어야 한다.

고유함이 없는 예술은 예술일 수 없다. 그것은 훌륭한 모방품에 불과할 따름이다.

자신만의 고유함으로 이 세상에 지극히 예외적인 사건을 일으켜 도발을 시도하는 것이 바로 예술이다.

누군가가 만든 신념이나 이론에 의존하기만 하면 뛰어난 추종자에 불과할 뿐이다.

역사적으로 이름을 남긴 천재들의 경우 스승의 이론을 그대로 답습하기보다는 기존의 학설과 스승의 권위에 도전하고 자기만의 독창적인 영역을 창조한 경우가 많았다.

니체 역시 쇼펜하우어의 의지의 철학에 많은 영향을 받았지만, 그는 '권력에의 의지'라는 개념을 제시함으로써 의지를 제거해야 할 대상, 극복해야 할 대상으로만 본 쇼펜하우어와는 전혀 다른 길을 갔다. 니체의 초인(超人)은 스스로 가치 부여를 할 줄 아는 독립적, 주체적인 창의적 인간 유형이다. 이는 자신의 스승이라 할 수 있는 쇼펜하우어가 제시한 금욕적 인간상과는 반대되는 유형이다.

4.
세상을 초월하는 인간

세상에 존재하면서 이 세상을 초월하라. 세상을 초월한다는 것은 자신의 감정이 시도 때도 없이 작용하여 이쪽저쪽 움직이지 않는 것이다. 정동(情動)에 휘둘리지 말고, 정동(情動)이라는 말에 올라가 그것을 능수능란하게 다루는 것이다.

이 경지에 도달하면 세계와 시대의 흐름과 변화에 결코 휘둘리지 않게 된다.

그리고 확고한 자신의 모습으로 강자로서의 삶을 누릴 수 있게 된다.

〈선악의 저편〉

아무것도 하지 말라. 병에 걸리면 결코 반응하지 말아야 할 때 맹목적으로 반응을 해서 문제가 된다. 본성의 강함은 반응을 기다리는 일에서 나타난다. 무언가를 행하는 것보다 아무것도 행하지 않는 것이 더 유용하다. 은거하는 철학자나 탁발승의 실천은 올바른 가치 척도에 의한 것이다. 어떤 인간은 자신의 행위를 가능한 한 최대로 저지할 때 그 자신에게도 가장 이롭다.

〈유고〉

장자의 〈달생(撻生)〉편에는 '나무 닭'에 대한 재미있는 일화가 나온다.

평소에 투계를 즐겼던 왕은 기성자를 찾아가 자신의 닭을 최고의 싸움닭으로 만들 것을 명했다. 결국, 열흘 뒤 왕이 기성자를 찾아갔지만, 기성자는 아직 훈련이 덜 되었다고 말하였다. 닭이 허세가 강하여 다른 닭의 울음소리나 날갯짓에도 과민하게 반응하여 공격적으로 달려든다는 것이다. 사나운 성질과 기세등등함은 오히려 싸움닭으로서 자질이 훌륭하다고 볼 수 있지 않을까? 어쨌든 왕은 기성자의 말을 이해하지 못했지만 열흘 뒤에 다시 찾아오기로 한다. 다시 열흘 뒤, 왕이 기성자를 찾아왔지만 그때도 닭의 훈련이 덜 되었다는 말을 들을 뿐이었다. 왕은 다시 열흘 뒤 기성자를 찾아간다. 그제야 기성자는 닭의 훈련이 다 된 것 같다고 말하였다. 기성자는 왕에게 다음과 같이 말했다.

"다른 닭들이 울고 날갯짓 소리를 내도 꿈쩍도 하지 않습니다. 멀리서 보면 마치 나무로 조각해놓은 닭과 같습니다. 이제 다른 닭들이 감히 덤빌 생각도 하지 못하고 도망갑니다."

여기서 '나무 닭'의 경지는 자기 자신만의 온전한 덕을 생성한 경지를 말한다. 자기 자신만의 온전한 덕을 생성하게 되면 세상의 모든 자극에 대해 태연자약(泰然自若)하게 된다.

외부의 자극에 종속되어 움직이는 피동적 존재가 아닌 자신의 힘을 중심으로 움직이는 능동적 주체로의 도약을 의미하는 것이다. 훈련이 덜 되었을 때 보였던 닭의 사나운 공격성은 사실, 외부의 자극에 따라 반응하는 종속적 주체로서의 한계를 보여준 것에 불과했다.

장자 철학자 최진석 교수가 그의 저서 〈탁월한 사유의 시선〉에서도 언급한 바 있는 '나무 닭'의 경지, '태연자약'의 경지, '스스로 덕을 생성하는 경지'는 니체가 말하는 초인(超人)의 경지와 통한다.(동양의 철학자 장자와 서양 철학자의 니체는 사상적 DNA가 유사한 측면이 있다.) 초인(超人)은 어린아이의 정신을 지닌 존재로 외부의 것을 순수하게 받아들이고 대처할 수 있는 존재다. 사자는 용에 맞서면서 으르렁대지만 어린 아이는 용을 보고 웃는다. 거대한 용은 어린 아이에겐 그저 놀이의 대상일 뿐이다.

모든 위대한 창조는 오직 이 경지에서만 발휘될 수 있다.

다른 주체와의 경쟁을 의식하지 않고 자신만의 가치를 스스로 창조해내는 것이다.

'나무 닭'을 인간으로 바꾸어 표현하자면 보통 사람에서 제외된 자, 즉 니체가 말한 초인(超人)이다. 환경의 지배를 초월하는, 능동적 주체인 초인(超人)이 되기 위해서는 '권력에의 의지'를 추구해야 한다. 스스로 덕을 생성하지 못하는 종속적 주체는 이미 만들어진 경쟁의 틀로 들어가 다른 종속적 주체와 우열을 다투기 바쁘다. 하지만 누가 승리를 하든 이미 만들어진 구조의 틀을 벗어나지 못한다. 질적인 도약이 아닌 양적인 발전만 가능할 뿐이다. 고만고만한 사람들 중 조금 앞선 사람을 우리는 1등이라고 부른다.

하지만 태연자약의 경지에 도달한 초인(超人)은 어린아이처럼 외부의 원칙과 한계에 얽매이지 않고 온전히 자신의 순수한 의도에만 집중한다. 때문에 이미 누군가 만들어 놓은 판에 들어와 전술적 차원의 경쟁을 하기보다는 전략적 차원에서 새로운 판을 짜낼 수 있다. 자신을 중심으로 움직이는 능동적 주체가 될 때 온전한 덕이 생성될 수 있고 새로운 세계를 창조해낼 수 있다.

5.
지배적 가치에 종속되지 않는 인간

자신의 가치관과 주장을 똑바로 말하라. 신조, 의지, 욕망을 부끄럼없이 아주 당당하게, 누구나 알 수 있게 말하라.

겁쟁이, 비겁한 자, 무력한 인간, 기회주의자, 남 흉내밖에 못내는 자, 정체성이 빈약한 자, 자기 확신이 부족한 자들은 그조차도 불가능하기 때문이다.

〈생성의 무죄〉

사람은 대개 자신이 사는 곳의 지위와 평판, 직종, 나아가 그 시대의 지배적 상식과 관습을 통해 사고방식이 형성된다. 그리고 다른 사람들과 같은 생각을 하고 있음에 안도한다. 그러나 이는 한편으로 구속되어 있는 것이기도 하다. 그저 많은 사람들과 함께 발이 묶인 채, 대중이라는 이름 뒤에 가려져 있기에 자각하지 못하는 것뿐이다.

〈인간적인 너무나 인간적인〉

인류의 역사를 돌아보면 동서양을 막론하고 인간의 욕망은 그 자체로 죄악시되거나 억제해야만 하는 부정적 이미지였다.

현대에 들어와서야 각 개인들이 자신의 욕망을 자유롭게 말하고 추구하는 것을 용인받게 되었다.

특히 자본주의는 개인의 욕망을 중시한다. 더 정확히 말하면 소비자의 욕망을 중시한다. 소비자로서의 개인이 끊임없이 욕망을 추구해야 체제의 기반이 유지될 수 있기 때문이다.

그래서 요즘의 시대는 욕망의 시대다. 저마다 사람들은 욕망을 충족시키기 위해 힘을 기르고 치열하게 경쟁한다. 하지만 어딘가 조금 이상하다. 우리는 끊임없이 욕망을 추구하지만, 또 소비하지만, 말로 설명할 수 없는 공허함이 엄습해오기 때문이다.

공허함의 출처는 욕망의 주체가 나 자신이 아니라는 것에 있다. 물론 쇼펜하우어는 인간의 인생을 욕망과 권태 사이에서 고통받는 시계추에 비유했다.

욕망을 충족하고 결핍감을 해소하면 권태라는 또 다른 이름의 고통이 곧 우리를 찾아온다는 것이다. 하지만 우리가 겪고 있는 공허함은 '권태'라는 단어만으로 설명하기엔 조금 부족하다. 공허함은 단순히 욕망의 충족에서 다시 불만족으로 넘어가는 단계의 감정을 넘어 주체성의 상실까지 내포하고 있는 개념이다. 우리는 매일 SNS에 들어가 우리의 일상을 아름답게 꾸민 글과 사진을 올리며, '좋아요'나 하트 버튼을 눌러주길 기다리고 있다. 하지만 신기루 같은 이것들이 과연 우리 마음속 깊이 존재하는 욕망을 잘 반영하고 있는 것일까?

나라고 믿는 나 자신은 실재의 나와 일치할까?

'나'가 진정한 '나'로 살아가기 위해서는 우리는 자신의 욕망을 알아야 한다.

사회는 당신에게 열등감을 주입하고 욕망을 조작한다.

여기서 말하는 사회는 국가나 정부기관을 의미하기보다는 지배적인 이념, 신념, 이데올로기로 응집된 집단을 말한다. 이 사회와 조직은 끊임없이 당신에게 피해의식, 즉 열등감과 결핍감을 주입한다. 끊임없이 타인과 비교하게 만들고, 혼자서는 아무것도 할 수 없다는 사실을 상기시키고자 최선을 다한다. 무기력을 학습시키고 자율성을 박탈하는 것이다.

사회는 개인들에게 외부의 기준을 주입해서 내적 고찰을 하는 것을 허용하지 않는다.

왜 그럴까? 각 개인들이 진정한 자기 자신을 모르면, 이들을 더 쉽고 유용하게 부릴 수 있기 때문이다. 스스로를 자각하는 인간이야말로 특별한, 유일한 존재가 될 완벽한 특권을 부여받는다. 사회는 대중을 효율적으로 통치하기 위해 스스로를 자각하는 인간들의 숫자가 많아지지 않도록 적절히 견제할 필요가 있다.

텔레비전을 켜보아라 언론은 대중에게 무엇을 보여주는가? 광고는 무엇을 부추기는가?

사회는 사람들에게 성공과 행복의 기준을 주입한다.

그리고 그 기준은 곧, 개인에게 결핍감과 열등감으로 다가오게 된다.

왜냐하면 TV에 등장하는 연예인 만큼 날씬하고 예쁜 여성은 극소수이고, 그들처럼 최고가 자동차와 명품백을 소지한 사람 역시 극소수이기 때문이다.

이것들은 한 개인이 자신의 본모습을 자각하기 이전에 어떤 사람이 되어야 할지, 어떠한 가치를 추구해야 할지를 미리 결정해버린다. 우리는 어떠한 것을 해야 하는지를 세뇌당한다. 사회는 대중들에게 끊임없이 '당신은 아직 부족하다'라고 외친다. 여기에 따르지 않으면 당신은 무가치한 사람이 되고 만다.

그러면 사람들은 주입된 결핍감으로 조작된 목표를 추구하면서, 서로서로 평가하며 누가 더 우월하고 열등한지를 저울질하게 된다. 서로가 조작된 욕망을 추구하며 비교할수록 경쟁은 더욱 고착화 되고, 그 왜곡된 경쟁 구도 속에서 개인은 철저하게 주체성을 상실한다. 욕망이 충족되었다고 해도 새로운 트랜드가 나타나면 열등감은 또다시 시작된다. 다시 사회가 요구하는 가치 있는 사람이 되도록 쳇바퀴를 돌려야 한다. 바로 이 상태가 대중들을 훌륭한 톱니바퀴로 만들기 이상적인 상태다.

물론 니체는 '경쟁'의 가치를 긍정했다.

하지만 니체가 긍정한 경쟁은 지금 우리가 생각하는 경쟁과 다소 차이가 있다.

니체가 말하는 경쟁은 각 인간이 스스로를 자각한 상태에서 자신의 의지를 외부세계에 확장하는 과정에서 나타나는 경쟁이다. 스스로를 자각한 인간은 스스로를 특별한 존재로 만들 특권을 부여받게 되고 이들의 경쟁은 그 자체로 아름답게 된다. 서로가 서로를 더욱 강한 존재로 고양시켜 주기 때문이다. 인간 존재는 경쟁을 통해 더 강하고 위대한 모습으로 변모하게 되는 것이다.

하지만 지금 우리가 하는 경쟁은 누구를 위한 경쟁인가?

사회는, 시대는, 비슷한 생각, 윤리, 신념, 이론 등을 가지고 사람들을 지배한다. 하지만 지금 존재하는 지배적 이념은 결코 고정적이지 않다. 사회적 이상은, 이념은, 이데올로기는 계속 변화한다. 당신은 스스로가 가장 세련된 도덕적 신념과 지식으로 무장해 있다고 자부하는가?

지금 우리가 100년 전의 사회를 본다면 그 당시 사람들이 모두 바보처럼 보이겠지만, 마찬가지로 100년 후에 나타날 우리의 후손들이 지금의 우리를 본다면 역시 바보 멍청이로 보일 것이다.

그들 입장에서 오늘날의 우리는 온갖 물질만능주의에 빠져 자기 자신을 잃은 사람, 노예근성이 충만한 사람으로 보일 것이 자명하다. 그래서 시대를 앞서가는 사람은 지금 이 시대의 기준을 좇는 사람이 아니라 자기 자신을 자각하는 사람들 사이에서 나온다. 스스로를 자각하는 자만이 외부의 기준에 오염되지 않고 새로운 시대의 문을 열어젖힐 수 있다.

지금의 한국인들은 행복을 추구할 때도 타인의 눈을 지나치게 의식하고 있다는 것이 필자가 내린 결론이다. 스스로 행복을 추구한다고는 하지만 한국인은 그저 유행에 편승하여 남들로부터 널리 인정받는 것, 집단의 기준에 맞추어 인정받는 것에서 도출되는 안도감을 행복으로 착각하고 있다. 그래서 스스로 피곤한 삶을 자초하고 있다.

자기 삶의 핵심적인 과제들을 뒤로한 체 자신의 경제적 능력을 넘어서는 외제차를 구입하여 카푸어(car poor)가 되고, 평소에 거들떠도 안 본 식당이 방송 한 번 탔다고 몇 시간씩 줄을 서서 기다리며 그것을 소확행이라고 부르는 것이 한국인들의 현주소다. 문제는 이러한 트렌드를 따라가지 않고 자신의 방식대로 사는 사람들을 유행에 뒤처지는 비 문화인정도로 취급하는 데 있다. 남들의 시선 속에서 행복을 찾으려 하는 자신의 빈약한 자존감은 눈에 보이지 않는 것이다.

자기 자신이 아닌 집단이 정해준 기준에 맞춰 살아가는 것은 곧 노예의 삶이다.

니체가 볼 대 가장 가소로운 것은 집단적인 자부심에 의존하는 자존감이다. 이들은 자신의 빈약한 자존감을 해소하기 위해 수백, 수천, 수만 명의 공동소유에 의존한다.

자신의 참된 자아를 집단의 정체성에 양도하고 그것과 자신을 동일한 가치로 연결함으로써 자신의 빈약한 개성에 도금질을 하는 것이다.

이들은 자신의 특수한 가치를 인정하지 않고, 타인의 시선 속에서 자존감을 찾는다. 자신이 다수와 동일하다는 사실에서 기쁨과 안락함을 발견한다.

한국 사회가 앓고 있는 불행의 근원은 사회가 정한 행복의 기준을 개인들이 서로 간 강요하고 강요받는 것에 있다. 한국인들은 그저 쳇바퀴 안에서 앞에 아른거리는 행복이라는 것을 붙잡기 위해 끊임없이 달리고 있다. 우리는 남이 만들어 놓은 쳇바퀴에서 내려와야 한다. 가면을 벗고 솔직하게 살아도 충분히 멋있게 살 수 있다. 집단이 정한 '~다움'에서 벗어나 남에게 피해를 주지 않고 나만의 양심적인 삶을 살아가면 된다. 자신을 억압하면서까지 남들에게 잘 보일 필요는 없다. 자신에게 솔직하면 모든 것이 분명해진다. 당신이 좋아하는 것, 싫어하는 것, 당신이 추구하는 것이 아주 선명하게 드러나게 된다.

자신의 목소리를 충실하게 따르는 사람, 자신만의 세계를 긍정하고 그것을 구현해내는 사람은 건강한 사람이다. 물론 그 과정에서 외부 세상과 갈등을 빚기도 하지만 그러한 것들을 겪어가면서 성장해나가는 것이 건강한 삶이라고 생각한다. 자신을 억누르고 항상 좋은 직원, 좋은 아빠, 좋은 엄마, 좋은 친구로만 사는 것은 겉으로 볼 때 고상한 일이지만, 그것은 사실 언제 암으로 진행될지 모르는 병을 키우는 것과 같다.

이들은 자신은 늘 희생하고 배려하지만, 사람들은 그러한 자신을 알아주지 않는다고 우울해한다. 세상을 원망한다. 이것은 타인에게도, 자신에게도 결코 미덕이 될 수 없다.

바람직하고 건강한 삶을 사는 방법은 사실 매우 간단하다. 자신에게 솔직하면 된다. 내 마음대로, 내가 먹고 싶은 것을 먹고, 내가 하고 싶은 말을 하면서 사는 삶의 매력을 깨달아야 한다.

뚜렷한 개성을 지닌 사람일수록 자신의 자존감을 자신의 고유성과 독창성에서 찾는 법이다. 설령 그것이 보통의 사람들에게 몰이해의 대상이 될지언정 말이다. 인류의 역사에서 위대한 창조적 업적을 낳은 인물들은 모두 다 이런 유형이다.

진정한 경쟁의 승자는 누구인가?

진정한 경쟁의 승자는 1등이 아니다. 그 경쟁구도에서 벗어난 자가 될 것이다.

6.
거리를 두는 파토스

거리를 두는 파토스 없이는 한 영혼의 내부에서 새롭게 거리를 확대하려는 열망, 좀 더 긴장되고, 좀 더 포괄적인 상태를 형성하려는 갈망은 생기지 않는 것이다.

다시 말해 '인간'이라는 유형의 향상, 인간의 지속적인 자기 극복에 대한 갈망 말이다.

〈선악의 저편〉

인간과 인간 사이의 간격, 계층과 계층 사이의 간격, 유형의 다수성, 자기 자신이고자 하는 의지, 자신을 두드러지게 하고자 하는 의지, 내가 거리를 두는 파토스라고 부르는 것은 모든 강한 시대의 특성이다.

그러나 오늘날에는 극단적인 것 자체가 희미해져 결국은 유사하게 되어버렸다.

〈우상의 황혼〉

평등이라는 말을 즐겨 사용하는 사람은 다른 사람들을 자기 수준으로 끌어내리려는 욕망을 갖고 있거나, 자신과 다른 사람들을 더 높은 차원으로 끌어올리려는 욕망을 갖고 있거나 둘 중 하나다.

따라서 누군가 평등을 부르짖을 때는 그가 말하는 게 어느 쪽인지를 분명히 알아야 한다.

〈인간적인 너무나 인간적인〉

파토스(pathos)란 충동, 감정, 열정을 의미하며 논리와 이성을 의미하는 로고스(logos), 대립되는 개념이다.

니체는 자신 본연의 힘에의 의지에 충실하면서 결코 지배적인 이념이나 외부의 일방적인 억압에 휘둘리지 말 것을 강조했다. 일명 순리대로 산다는 인간들은 개성이 부족한 집단이고 이들로부터 거리를 유지하는 파토스라는 의미에서 '거리를 두는 파토스'개념을 제시한 것이다. 거리를 두는 파토스는 강한 것과 약한 것, 고귀함과 저열함 등에 따라 인간을 두 유형으로 나눌 때, 전자가 후자에게 자신을 낮추는 것이 아니라, 후자와 거리를 둠으로써 자기 자신을 지켜나가고자 하는 파토스다. 쉽게 말해 유행이나 지배적 이념을 맹목적으로 좇는 집단, 즉 대중으로부터 한발 물러서서 자신만의 스타일을 추구하라는 것이다.

물론 자신만의 스타일을 추구하다 보면 당신의 솔직한 모습에 적잖이 당황하는 사람들이 반드시 나올 것이다. 이들은 심지어 당신에게 불쾌감을 표할 수도 있다. 이들은 당신을 다시 예의 바르고 상식적인 사람으로 만들기 위해 온갖 조언을 해올 것이다. 그래도 설득이 되지 않으면 당신을 떠날 수도 있다.

하지만 당신의 본모습을 인정하기 싫어서 떠날 사람이라면 하루빨리 관계를 정리하고 떠나보내는 편이 당신에게 훨씬 이득이라는 게 필자의 생각이다. 그 사람들은 원래부터 당신을 사랑했던 사람들이 아니기 때문이다. 타인의 고유성을 버티지 못하는 사람들은 그만큼 자존감이 빈약한 사람이다. 자존감이 빈약한 사람들은 고유한 것, 특별한 것, 독특한 것을 견디지 못하는 특성이 있다. 그들을 떠나보내면 당신 주변에는 당신의 있는 모습 그대로를 사랑하는, 사랑까지는 아니더라도 존중할 수 있는 사람들만 남게 된다. 실로 자신의 고유성을 존중할 수 있는 사람만이 타인의 고유성도 존중해 줄 수 있는 것이다.

스스로 덕을 생산하지 못하는 인간들은 원한을 품는다. 자신의 개성과 존엄성을 존중할 능력과 용기가 없는 자는 타인의 그것도 존중할 수 없다. 우리는 이들과 거리를 두어야 한다.

자신을 사랑할 줄 모르는 사람은 결코 타인도 사랑할 수 없다. 자기혐오는 타인을 향한 복수심으로 나타나기 마련이다.

자기혐오, 피해의식, 열등의식에 찌들어 있는 사람은 타인을 자신과 똑같은 인간으로 만드는 데 집착하기 때문이다. 자신을 탐구해보지 못한 인간은 '반응하는 자', '약자'로 머문다. 이들은 양심의 가책을 최고의 덕목으로 믿는다. 삶을 만끽하려는 도전은 위험한 도발로 치부하고, 자신이 세계 유일한 존재라는 각성과 성찰을 남들이 나를 원망할지도 모른다고 착각하게 한다. 이 도덕적 편견 속에서 우리 모두가 개성없는 균일화된 인간으로 전락한다. 최후의 인간, 말인(末人)은 새로운 가치를 창조할 능력이 없기에 외부에서 사람들이 좋다고 인정하는 가치들을 좇는다. 자신의 개성이 아닌 대중적 가치를 따른다. 자신이 다른 사람들과 동일한 가치를 추구한다는 사실에서 위안과 행복을 얻는다.

친구도 급이 맞아야 한다.

니체는 서로와 서로가 서로의 힘을 고양시켜 줄 수 있는 사람들 사이에서만 진정한 친구 관계가 성립될 수 있다고 보았다.

나보다 우수하거나 최소한 동등한 급의 사람과 함께 같은 길을 가는 것은 좋지만, 그렇지 못하다면 차라리 혼자 가라는 뜻이다.

주변에 불쾌한 사람이 있다면 피하라

함께 있으면 기분이 무거워진다거나, 의욕이 꺾인다거나 자신의 가치가 낮아지는 것 같은 사람들이 있다. 이들과 함께하지 말고 그들과 가능한 떨어져라. 당신에게 불운이 감염되는 것을 사전에 차단하라. 특히 피해 의식이 강하고 시기심이 강한 사람과는 되도록 말을 섞지 말고 네트워크가 형성될 기회도 주지 마라. 그들은 자신들의 무기력함을 타인에게 주입한다. 세상의 다른 사람들을 자신과 똑같은 사람으로 만드는 것이 이들의 목표다. 그들은 당신이 하고자 하는 모든 일에 대해 사사건건 시비를 걸고 좋지 않은 기운을 퍼트릴 것이다. 당신의 부정적인 면을 확대 해석해서 당신 의욕도 떨어트릴 것이다. 당신의 독창적인 시도에서 무엇인가가 될 이유보다는 실패할 수밖에 없는 이유를 파고들 것이다. 당신이 결국 아무것도 이룰 수 없는 그저 평범한 사람에 불과하다는 사실을 알려주기 위해 최선을 다할 것이다.

인간은 이성뿐만 아니라 감정으로 사고하고 학습한다. 감정이 뒤틀려 있으면 어느 정도 본래의 성과를 낼 수 없게 되어 있다. 창조적인 사람은 자신의 감정이 자신에게 얼마나 큰 영향을 미치는지 잘 알 고 있기 때문에 그것들에 자신이 좌우되지 않도록 늘 주의를 기울이며 관리를 한다. 당신에게 부정적인 느낌을 주는 것, 의욕을 꺾는 것, 불쾌한 것들을 피하라. 할 수 있다면 사전에 차단하라.

4장 도덕이야말로 허접무성이다

1.
신은 죽었다

신은 어디에 있지? 그는 부르짖었다. 나 너희에게 말하고 싶다. 우리가 신을 죽여버렸다. 너희와 내가 우리 모두는 신을 죽인 자들이다. 그러나 우리는 어떻게 이러한 일을 해내었다는 말인가? 어떻게 우리가 바닷물을 다 마셔버릴 수 있었던 말인가? 누가 우리에게 지평선 전체를 닦아버릴 스펀지를 주었단 말인가? 신은 죽었다. 신은 죽어있다. 그리고 우리가 그를 죽여버렸다. 어떻게 우리는 스스로를 위로할 것인가? 살인자 중에 살인자인 우리는...

〈즐거운 학문〉

선의 위계가 어느 시대에나 확고하고 동일한 것은 아니다. 누군가 정의보다 복수를 선택한다고 해도 과거 문화의 척도로 볼 때 그는 도덕적이고, 지금 문화 척도에 의하면 비도덕적이다. 선의 위계 자체는 도덕적 관점에 따라 수립되거나 전복되지 않는다. 그때그때의 결정에 따라 어떤 행위가 도덕적인지, 비도덕적인지 결정된다.

〈인간적인 너무나 인간적인〉

선과 악이 무엇인지는 그 누구도 알지 못한다. 창조하는 자를 제외하고는!

그리고 이 창조하는 자는 인간의 목표를 창조하고 대지에 그 의미와 미래를 부여하는 자다. 이 창조하는 자가 비로소 무엇이 선이고 악인지를 결정한다.

〈차라투스트라는 이렇게 말했다〉

"신은 죽었다"

니체가 남긴 말 중 가장 유명한 말이다.

하지만 사람들은 '신'이 무엇을 의미하는지 잘 모른다. 여기서 '신'이 의미하는 것은 무엇인가? 니체가 죽었다고 말하는 '신'은 기독교적 하나님만을 의미하지 않는다. 이제까지 인간을 지배해왔던 모든 종교적, 철학적, 도덕적 이념들을 상징적으로 표현하는 단어인 것이다. 플라톤은 세계를 이분법적으로 접근하여 분석했다. 이것이 바로 현상계와 이데아의 세계이다. 현상계는 가변적이고 유한한 우리의 경험세계에 불과하지만, 이데아는 영원불멸하고 초경험적인 세계다. 참된 진리와 미는 이데아에 속해 있는 것이다.

세계를 이분법적으로 해부하는 이러한 접근은 수많은 버전을 가지고 있는데, 세계를 현상계와 물자체로 나눈 칸트가 그렇고, 기독교적 교리가 그렇다. 기독교도들 역시 플라톤과 칸트처럼 세계를 원죄를 가지고 태어난 인간들이 존재하는 '이 세계'와 천국에 있는 '저 세계'로 나누는 이분법을 가지고 있다. 세계를 '이 세계'와 '저 세계'로 나누는 것은 '이 세계'에 대한 암묵적인 폄하를 담고 있다. 증명할 수도 없는 '저 세계'가 우리에게 의무를 부여하고 명령을 내림으로써 '이 세계'에 대한 가치를 평가절하하는 것이다. 플라톤은 '이 세계'가 참된 세계가 아니라고 역설하며 기독교는 '이 세계'를 죄로 타락한 세계로 본다. '이 세계'가 아닌 '저 세계'를 신봉하는 사람들에게는 창조의 의지보다는 도피와 원한의 감정이 더 강렬하다. 그래서 니체가 말하는 신의 죽음은 '이 세계'를 평가절하하는 기준이 되는 '저 세계', 즉 절대적 진리나 초월적인 선이 존재하지 않음을 선언하는 것이다. 다시 말해 '신은 죽었다'라는 상징은 선과 악의 구분이 없어졌다는 것이다. 인간을 지배해온 전통적 가치와 도덕 원칙들이 힘을 잃었다는 것을 의미한다. 선악을 구분하는 노예의 도덕이 사라지고, 좋음과 나쁨으로 구분하는 주인의 도덕이 가치체계로 다시 세워졌다는 것이다.

신의 존재 여부, 즉 절대적 진리의 존재 여부는 별로 중요하지 않다. 그보다 중요한 것은 신적 존재에 대한 열망만큼 인간이 가지고 있는 나약함이다. 왜 인간은 신적 존재를 필요로 하는가? 신은 이유를 알 수 없는 고통으로부터 해방되고 싶은 나약한 인간의 마음에서 생겨났다. 삶에서 마주하는 고통은 신에 대한 믿음을 약화시키기는커녕, 더욱 신에 의존하게 만들었다. 지금 '이 세상'에서 겪는 고통에는 이유가 있을 것이라는 믿음, 신에 귀의함으로써 '저 세상'에서의 보상을 약속받았다는 위안이 바로 그것이다.

하지만 니체가 살던 당시 신은 이미 죽었다. 신은 죽어버렸다. 인간을 지배해온 기독교적 가치와 도덕 원칙들이 힘을 잃기 시작했다.

지금까지 인간을 지배해온 종교적, 철학적, 도덕적 이념이 사라지고 없는 시대, 이 빈자리를 무엇으로 채울 것인가? 우리는 이 허무함을 어떻게 극복할 것인가? '신'이 죽은 시대, 의존할 절대적 가치를 상실한 인간은 도대체 무엇에 의존할 수 있다는 말인가?

어디에도 의존할 수 없는 인간은 허무주의에 빠지고 만다.

이제 인간은 어디에도 의존할 수 없다. 하지만 인간은 일어서야 한다. 이 허무주의적 절망을 깨는 데 필요한 것은 '권력에의 의지'다.

수동적 허무주의는 '신 존재', '저 세계'에 의존하여 허무주의를 극복하려고 한다. 하지만 절대적 진리의 부재 상태, 즉 신의 죽음으로 어디에도 의존할 수 없는 인간들은 실망감과 무력감으로 나아갈 뿐이다. 새로운 가치를 창조하기보다는 절망에 빠져 무기력하게 살아간다.

하지만 능동적 허무주의는 초월적 세계에 의존하지 않고 우리가 서 있는 '이 세계'를 긍정한다. 허무함을 남김없이 경험하고 절대적 진리가 빠져나간 그 빈자리를 창조적 행위로 채워넣는다. 능동적 허무주의는 인간의 정신적 힘을 고양시킨다.

그러므로 더는 절대적 가치에 의존할 필요도 없고 의지할 만한 완벽한 가치체계가 존재하지 않는다고 투덜댈 필요도 없다. 우리는 '권력에의 의지'에 주목함으로써 무기력한 수동적 허무주의를 능동적 허무주의로 변화시킬 수 있는 것이다. 이제 신이 죽어 비어 있는 자리는 '권력에의 의지'를 추구하는 '초인(超人)'이 대신한다. 초인(超人)은 종래의 인간 테두리를 벗어나는 인간으로 권력에의 의지를 추구하며 '저 세계'가 아닌 '이 세계'에 뿌리를 내리고 있는 존재다.

절대적 진리가 없고, 모든 것이 허무하다는 것을 능동적으로 바꾸면 바로 그 자리에 자신이 스스로 새로운 진리와 가치를 세울 수 있다는 뜻도 된다. 인간의 시선이 신을 향하던 때는 사람들은 아래가 아닌 위만 바라보았다. 하지만 신이 죽은 후 인간은 시선을 아래로 돌려 자신을 바라보게 되었고 자신도 몰랐던 '나'의 모습을 보기 시작했다. 시선의 전환은 혁명적인 결과를 초래하였다. 능동적 허무주의에서는 모든 것이 허용되기 때문에 무엇이든 새롭게 창조할 수 있게 된다. '신은 죽었다'라는 말은 너 스스로의 가치를 창조하라는 말과 같다. 또한, 너 스스로의 가치를 창조하라는 말은 너가 삶의 예술가가 되라는 말이다. "절대적 진리에 더 이상 의존할 필요도, 그것을 찾아 나설 필요도 없다. 너의 충동과 감각, 본능을 있는 그대로 받아들이면 너는 본래의 너 자신이 될 것이다" 니체는 이렇게 말했다. 니체를 반진리의 철학자라고 부르는 이유가 여기에 있다. 철학자들은 고정불변하는 절대적 진리를 찾는 것에 집착하지만, 니체에 의하면 절대적 진리라는 것은 없다. 니체는 절대적 진리를 추구하는 사람들은 그 노력의 부질없음을 깨닫고 수동적 허무주의에 빠지기 쉽다고 본다.

그렇다면 오늘날의 인류는 신앙심을 극복했을까? 스스로의 가치를 창조하는 예술가가 되었을까?

신은 죽었지만, 신앙심은 그대로 유지되고 있다. 아직도 신에 대한 평균인들의 신앙심은 여전하다. 니체가 비판했던 기독교적 신과 도덕은 힘을 잃었지만, 이제 그 자리를 대신하는 것은 돈과 권력이고 정치적, 경제적 이념이다. 이제는 물질과 이념이 신이 되어버렸다. 평균인들은 종래 기독교적 신에게 바치던 신앙심을 이것들에 바치고 있다.

2.
도덕은 인간을 왜소하게 만든다.

지금까지 교육되고 존중 받고 설교되어 온 거의 모든 도덕은 삶의 본능들에 대해 적대적이다.

〈우상의 황혼〉

절대적이고 보편적인 도덕은 존재하지 않는다. 모든 도덕은 역사적 상황에 따라 변하는 상대적인 것에 불과하다. 보편적 도덕, 신의 명령이나 천부적 양심에서 비롯된 도덕은 연약한 자들이 강자를 순화하고 제어하기 위해 만든 노예도덕이다.

약자의 승리는 곧 문명사적 비극의 시작이다. 인간이 신이나 진리에 집착하는 이유는 현실을 받아들이고 긍정할 힘이 없기 때문이다.

연약한 인간이 날조한 자기기만으로서의 전통 형이상학과 기독교 속에서 인간들은 신이나 피안에 의지한다. 고통스러운 현실을 살아갈 힘을 그곳에서 찾으려 한다.

그러나 그러한 허구에 의지할수록 인간은 더욱 약한 존재가 된다.

자신의 힘으로 살아가지 못하는 허약한 자들이 만든 허구가 절대적 가치로 간주되면서 인간의 힘을 더욱 약화시키는 기제로 활용된다.

노예도덕은 외부자극에 의해 움직이는 수동적 삶의 태도다. 사회가 바라는 삶의 양식을 추종하는 버릇은 자기 자신으로부터의 소외를 가져온다.

니체는 우리가 선과 악에 대한 전통적인 개념에서 자유로울 수 있다면 사람들이 그들의 최대 잠재력을 달성하기 위해 발전할 것이라고 주장한다.

종교는 악을 경계하지만, 니체의 철학은 나약함을 더욱 경계한다. 니체가 제시하는 이상적 인간은 선악의 관념까지 초월하는 강력한 힘의 존재다.

모든 생물에는 영양섭취, 배설, 신진대사 등 종합적으로 상호 결합되어있는 충동적인 생의 의지가 있다. 자기를 제한하는 것이 있으면 극복하려고 하고, 위기가 있으면 생존하려고 발버둥친다. 결국 생명 있는 모든 것은 자기 자신을 실현하고 확장시키고자 하는 충동적인 힘이 있는 것이다. 니체는 이것을 '권력에의 의지'라고 불렀다.

우리의 본래 모습은 이렇게 삶을 긍정하며 즐겁게 사는 것인데, 기존의 기독교와 철학이 도덕을 노예스럽고 천박하게 만들었으며 인간을 왜소하게 만들었음을 니체는 강력하게 비판했다. 니체는 이런 도덕들이 매우 해로운 것이라고 보았다.

도덕이라는 것이 우리 내면의 깊숙한 곳까지 침투해서 우리를 옭아매기 때문이다. 인간에게 있어 욕망은 자연스러운 것이다. 이에 대한 억압은 심리적으로 비참한 결과를 낳을 뿐이다. 억압된 욕망은 위선적이고, 파괴적이고, 부자연스러운 모습으로 나타나기 마련이다.

도덕이라는 것을 절대적 진리로 보고 반드시 따라야 하는 것으로 정해놓고 그 기준에 맞춰 살아가야 한다고 생각하는 것은 마치 스스로 목줄을 차고 노예가 되어서 조아리는 꼴이다.

원래 선이라는 것은 귀족적이며 탁월한 것이었다. 자신에 내재된 본질적인 힘을 잘 실현시키는 것이야 말로 좋은 것이었다. 이타적이냐, 양보를 잘하느냐 하는 것이 중요한 게 아니다. 자신이 가지고 있는 힘을 잘 발휘하여 지배자로서 덕을 생성하는 것을 두고 '좋은 것'이라고 하는 것이다. 하지만 절대적 진리를 추구한다는 기존 철학자들과 기독교의 교리가 귀족적 가치를 부정하고 이 땅에 노예도덕을 세워놓고 말았다.

이 왜곡된 도덕이 자신이야말로 참된 도덕이라며 사람들을 세뇌시켜왔다.

원래 강자들에게는 '악'이라는 단어가 없었다. 단지 '좋다'와 '나쁘다'라는 단어만 있을 뿐이었다. 강자는 자신들을 향해 '좋다'라고 말했다. 약자들을 향해서는 '나쁘다'라고 말했다. 여기서 말하는 '나쁘다'에는 '악'과 달리 어떠한 증오심도 없다. 단지 "너는 인생을 왜 그렇게밖에 살지 못하니?"정도의 말이다. '좋다', '나쁘다'라는 말은 어린아이들이 자주 쓰는 순수한 말이다.

그러나 약자들은 악이라는 단어를 만들었다. 약자들은 자신들의 증오심을 담아 귀족들을 악으로 규정하고 자신을 선으로 규정했다. 이때부터 약자들은 강자들을 향해 도덕적 비난을 가하기 시작했다.

주인의 도덕은 자신감 넘치고 긍정적이며 주체적이지만 노예들은 추하고 소심하며 의존적인 자신들의 도덕을 선함으로 포장하고 주인의 도덕을 사치스럽고 건방지며 독단적인 것으로 왜곡시켰다. 심리적 노예 상태에 있는 인간들은 권력에의 의지를 실천할 능력과 용기가 없으므로 권력에의 의지를 억압한 부자연스러운 모습을 긍정하고 이타주의, 배려와 같은 선으로 포장한다. 자기가 권력에의 의지를 발휘해서 지배자가 되지 못할 바에야 차라리 모두를 노예로 만들어버리고 그 범위에서 벗어난 사람들을 악인으로 규정하는 전략을 취하는 것이다.

아무리 강하고 탁월한 인간이라도 노예처럼 자신의 힘을 숨기지 않고 드러내면 겸손하지 못한 사람이 된다. 겸손하지 못한 인간은 그 능력에 상관없이 도덕적이지 못한 인물로 전락한다. 약자의 원한이 세상을 지배한다. 니체는 이 원한을 '르쌍띠망(ressentiment)'이라고 불렀다.

겉으로는 도덕을 주장했던 그들이 실제로 마음속에 품었던 것은 끔찍한 복수심이었던 것이다.

3.
충동과 욕망의 신 디오니소스

> 하나의 예술이 탄생하기 위해서는 그 창조하는 자가 어떤 대상에 완전히 빠져들어야 한다. 그 대상이 무엇이든 완전히 도취되지 않으면 예술은 탄생하지 않는다. 도취를 촉발하는 요인은 강력한 욕정, 축제, 투쟁, 모험, 잔혹함, 파괴, 기후, 강렬한 의지 등 매우 다양하지만, 이를 관통하는 하나의 공통점이 있다. 그것은 바로 생의 에너지를 끌어올린다는 점이다.
>
> 〈우상의 황혼〉

니체는 인간에게 있어 감정이란 것이 자연스러운 것이라고 보았다. 여기에는 성적 욕망도 포함된다.

이에 대한 억압은 심리적으로 비참한 결과를 낳을 뿐이다. 내면의 욕망과 충동을 억압하면 결국 더욱 파괴적인 모습으로 표출될 뿐이다. 성공적으로 억압한다고 해도 매우 부자연스럽고 위선적인 모습으로 나타날 것이다. 그는 인간의 감정과 충동을 가로막는 전통적 가치와 기독교적 도덕을 비판했고 니체는 이를 자기 부인이자 자기 소외라고 여겼다.

그는 인간의 본성을 억제하고 방해하는 것에 동의하지 않는다.

오히려 초인(超人)은 자신의 본성을 받아들이고 원시적인 충동의 에너지를 문화적으로, 더 높거나, 사회적으로 더 수용 가능한 활동으로 전환해야 한다. 이것이 바로 위대한 예술가로서의 자질이다.

초인(超人)은 자신의 디오니소스적 사고방식을 사용하여 세계에 대한 해석을 시, 그림, 음악 등의 형태로 표출해내는 예술가이기도 하다.

니체의 초기작품 〈비극의 탄생〉에서는 그리스 비극에 대한 분석과 관련하여 아폴론과 디오니소스라는 두 신이 등장한다. 아폴론은 빛, 합리성, 질서, 이성, 명확함을 의미하는 반면 디오니소스는 어둠, 충동, 감정, 광기, 질서의 붕괴를 의미한다. 기독교적 도덕은 밝고 이성적인 아폴론적 가치를 어둡고 충동적인 디오니소스적 가치보다 우월한 것으로 여겼지만 니체는 예술의 창조성을 중시했기 때문에 디오니소스적 가치를 더욱 높이 평가했다.

니체는 대중적인 합리성보다 디오니소스적 가치를 높이 취급했다.(그렇다고 니체가 아폴론적 가치를 부정한 것은 아니다.) 그에게 있어 완벽한 예술은 아폴론적 가치와 디오니소스적 가치가 조화를 이루는 상태다. 니체는 삶에서 어떠한 의미를 갖기 위해서는 균형이 필수라고 생각했다. 다시 말해, 디오니소스적 가치 중심의 아폴론적 가치의 통합을 추구했다. 아폴론적 원리가 중심이 되면 디오니소스적 가치를 억제하는 경향이 있고, 결과적으로 디오니소스적 원리가 파괴적인 방법으로 표출되기 때문이다.

전정한 예술가는 세상에 대한 인식을 자신의 감정에 결합시켜 작품에 반영시킬 수 있다. 디오니소스적 가치는 빛과 질서를 의미하는 아폴론적 가치와 반대로 마냥 어둡고 사악하지만은 않다. 오히려 자연스럽다. 초인(超人)은 디오니소스적 힘을 창조적인 것으로 승화시킨다.

4.
항상 선하고 의로운 자들을 조심하라

착하고 의로운 자들을 조심하라! 그들은 자기 자신의 덕을 만들어내는 자들을 기꺼이 십자가에 매달아 처형한다. 그들은 고독한 자를 증오한다.

성스러운 단순성도 조심하라! 이러한 단순한 자들이 볼 때 단순하지 않은 모든 것은 성스럽지 못하다. 그러한 자들은 불놀이를, 화형의 장작더미를 가지고 놀기를 좋아한다.

그리고 또 그대의 사랑이 발작하지 않도록 조심하라. 고독한 자는 그가 '만나는 사람에게' 너무 성급하게 손을 내민다.

〈차라투스트라는 이렇게 말했다〉

사실 그들이 한결같이 원하는 것은 단 한 가지다. 즉 그 누구로부터도 고통받지 않기를 바란다. 그러므로 그들은 그 누구보다도 먼저 모든 사람에게 친절을 베푸는 것이다. 그러나 이것은 비겁함이다. 이미 그것이 덕이라고 불리고 있긴 해도.

(…)그들에게 있어서 덕이란 겸손하고 양순하게 되는 것이다. 그리하여 그들은 늑대를 개로 만들었고, 인간 자체를 인간 최고의 가축으로 만들었다. 〈차라투스트라는 이렇게 말했다〉

한나 아렌트의 '악의 평범성'이라는 개념을 들어보았는가?

유대인 학살 책임자였던 아돌프 아이히만은 이빨이 뾰족하고 머리에 뿔이 달린 괴물이 아니라 그저 정해진 규칙에 순응하는 성실한 보통 사람이었을 뿐이라는 것에서 등장한 개념이다.

악의 평범성이라는 개념을 제시한 그녀에 따르면 '악'은 아이히만 뿐만 아니라 평범한 다수에게 열려있다고 한다. 그녀에 따르면 '악'이란 곧 사유하지 않는 것이고, 판단하지 않는 것이다. 악은 사유하지 않는 모든 인간에게 언제나 열려있는 것이다.

일명 상식적이고 순리대로 산다는 인간들이 사회적, 집단적 순응 형태의 범죄를 저지른다는 것이다.

따라서 악은 외부에 있는 것이 아니라 자기 성찰을 하지 못하는 인간 내면에 존재한다. 악은 자신의 모습을 드러내지 않고 철저하게 자신을 선으로 위장한다.

귀족은 '좋다'와 '나쁘다'라는 자기 자신만의 기준을 갖는다.

이들이 말하는 '좋다'와 '나쁘다'는 자신의 기준으로부터 나온 것이다. 이들의 '좋음'에 대한 규정은 직접적이고 자기 발생적이다.

하지만 약자들의 '선'과 '악'에 대한 규정은 누군가를 비난하는 것에서 시작했다. 그래서 이들은 자신들이 무엇을 가졌는지에 대해서는 말하지 않고 침묵한다. 귀족들의 '좋음'을 '악'으로 규정하는 비열하고 간접적 방식으로 자신들의 정체성을 드러낼 뿐이다. 건강하며 강하고 탁월한 인간은 자신의 가치를 세상에 직접 부여하지만, 약자들은 강자가 자신의 건강, 자부심, 탁월성에 죄책감을 느끼게 함으로써 보다 교활하고 우회적인 방식으로 자신에게 가치를 부여한다.

이들은 다른 사람을 비난함으로써 자신에 대해 '선'을 규정하는 교묘하고 간접적인 방식을 취한다. 이들은 개별적인 것을 부정함으로써 보편적인 것들 확보한다. 이들은 보편적인 선으로 자신들의 빈약한 정체성에 금박을 두른다. 그래서 정체성이 빈약한 이들은 보편적인 선을 규정하고 증명하는 것에 대해 절박한 필요를 느낀다.

하지만 우리가 이미 알고 있듯이, 도덕의 역사에는 절대적인, 초월적인 기준이 존재하지 않는다. 시대와 국가, 문화, 종족에 따라 선과 악의 기준은 수도 없이 존재해왔다.

우리가 보편적인 것으로 제시하는 것들도 알고 보면 특정한 조건에 한정된 것이다. 오늘날에도 수천 개의 도덕적 기준이 존재한다.

인류 역사에서 일어났던 끔찍한 전쟁이나 대학살은 선악을 나누는 보편적 기준의 부재 때문이 아니라, 보편적 기준이 존재하고, 또 증명할 수 있다고 주장하는 강박적 도덕주의자들로부터 초래되었음을 상기할 필요가 있다. 보편적 기준을 세우려는 자는 습관적으로 모든 것을 '선'과 '악'으로 구분하는 것을 좋아하며 자신들이 선이라고 규정할 수 없는 것들은 이 세상에서 도려내야 마땅한 것으로 규정한다.

여기서 자신들의 종교를 믿고 따르는 자들은 모두 '선'이 되고, 그밖에 있는 자들은 모두 '악'이 된다. 자신들의 무리에 속하지 않은 모든 자는 악인이 되어 벌을 받아야 마땅하게 되는 것이다. 우리는 여기에서 모든 종교적 테러의 원형을 엿볼 수 있다.

파스칼은 〈팡세〉에서 다음과 같이 말했다.

"인간은 종교적 확신을 가질 때 가장 철저하고 즐겁게 악을 행한다."

다시말해, 악은 자신을 경멸할 줄 모르는자, 자신을 자각할 줄 모르는 자들에게서 나오게 되는 것이다.

자신들만이 선하고 정의롭다고 규정하는 자들이야말로 '악인'인 것이다.

그들은 악을 행해도 그것을 절대 악이라고 생각하지 못한다.

정말로 문제가 되는 것은 대중의 판단 포기다. 판단을 포기하는 대중이 한 데 뭉쳐 악을 형성한다.

밀란 쿤데라는 〈참을 수 없는 존재의 가벼움〉에서 팔을 치켜들고 입을 맞춰 똑같은 단어를 외치며 행진하는 사람들의 무리에 악이 깃들어 있다고 하였다.

온갖 종교 전쟁, 마녀 사냥 등의 비극은 오직 자신만이 선하다는 확신을 가진 자들로부터, 극단적 도덕주의자들로부터 비롯되었다.

5.
착한 사람만큼 나쁜 사람은 없다.

나는 정말이지 저 나약한 자들을 비웃었다. 그들은 자신이 선하다고 믿지만, 실은 앞발이 마비된 것 뿐이다!

〈차라투스트라는 이렇게 말했다〉

나쁜 사람들이 어떠한 해악을 끼치든, 착한 사람들이 끼치는 해악이야 말로 가장 해롭다! 또한, 세계를 비방하는 자들이 어떤 해악을 끼치든, 착한 사람들이 끼치는 해악이야 말로 가장 해롭다.

〈차라투스트라는 이렇게 말했다〉

약자는 공격할 수 있는 앞발이 약하기 때문에 자신의 약함을 선함으로 둔갑시킨다. 그리고 '강하니까 나쁘다'라는 논리를 만들어 낸다

니체는 자신이 가난하기 때문에, 권력과 지식이 없기 때문에, 아름답지 못하기 때문에 사후 천국에 갈 자격이 있다고 자위하는 당시의 기독교 신자들을 약자라고 보았다.

이들은 오늘날에도 민주주의나 기본인권을 근거로 자신의 약함을 특권화하여, 무기로 삼고 있다. 누가 더 약자인지 천하제일 약자대회가 열려 누구에게 사회적 이득이 우선적으로 돌아가야 할지를 놓고 경쟁을 하고 있다.

그래도 '착한 사람=약자'들 중에는 속으로 만큼은 자신의 약함에 대해 조금이나마 부끄러움을 느끼는 사람들이 제법 있다. 이점은 다행이다. 하지만 정말로 문제가 되는 것은 자신의 약함이 폭력적일 수 있다는 점은 충분히 깨닫지 못한다는 점이다.

'나는 약하니까'라는 변명을 앞세우는 사람은 지배적 이념과 관습을 중시한다.(왜냐하면, 그 쪽이 자신에게 더 안전하고 이득이 많으니까) 이들은 자신을 지키기 위해서라면 그 자리에서 단 한 발자국도 움직이려 하지 않고 약자인 자신이 아무런 손해를 보지 않도록 사회 전체가 약자인 자신들에게 그 기준을 맞춰야 한다고 큰소리를 낸다.

약자들은 약자들의 표를 의식한 정치인들과 공모하여 '약자=착한 사람' 등식을 비판하는 사람들을 도덕적으로 비난하고 철저히 박해를 가한다. 자신을 끊임없이 연마하는 강자에 대한 질투심을 숨긴 채, 강자들을 향하여, "이기적이다! 자기중심적이다! 사회의 악이다!"라고 외친다.

여기서 우리는 약자들도 결국 권력을 추구하는 것임을 알 수 있다. 사실, 이보다 더 손쉽게 이득을 취할 수 있는 삶의 방식이 있을까? 약자들이 '약자'라는 특권을 쉽게 내려놓지 않는 것도 이해가 된다. 권력은 강자들만의 전유물이 아니다. 약자들도 권력을 추구할 줄 안다. 약자인 자신들의 가치를 보편화시키는 것이다. 자신의 무능력함을 우월한 도덕적 가치로 포장하고 그것을 생존을 위한 무기로 활용하는 것이다. 차이가 있다면 강자는 떳떳하게 권력을 추구하지만 약자는 자신이 권력을 추구한다는 사실을 철저히 숨겨야 한다는 점이다. 이들이 권력을 얻기 위해서는 권력을 추구할 힘과 기회조차도 없는 것처럼 보어야 하기 때문이다. 그래서 이중적이고 비열하다.

'착한 사람=약자'는 자신이 속한 공동체에서 소외되는 일을 극도로 두려워하기에 자신이 속한 공동체의 지배적 가치관에 철썩같이 달라붙어 그 보호색에 자신을 철저히 숨긴다.

'착한 사람=약자'는 무서울 정도로 이 세상에 아무것도 하지 않는다. 이들은 스스로의 인생을 가혹한 방향으로 이끌어갈 능력도 용기도, 경험도 없기 때문에 자신이 남보다 손해를 보는 제도만을 귀신같이 발견해낼 수 있는 촉이 발달해 있다. 이들은 사회적 관습과 제도에 대해 결코 이의를 제기하지 않지만, 자신이 남보다 손해를 보는 때는 그 즉시 자신이 약자임을 내세워 제도의 불합리함을 시끄럽게 떠들어댄다. 그들이 용기를 내는 때는 그때뿐이다. '착한사람=약자'는 자신에게 고통을 초래할만한 모든 상황을 회피함으로써 자신만의 독창성을 묵살한다. 결과적으로 누구에게도 공격당하지 않을 신념(그 사회의 지배적 신념)만을 수용한다.

반면 '나쁜 사람=강자'는 스스로 떨쳐 일어나 사회를 개혁하려고 한다. 이미 친숙해져 있는 보편적 기준에 집착하지 않는다. 그것을 뛰어넘는 창의적인 생각을 한다.

창조의 길은 스스로 주변과의 부조화를 자초하는 길이다. 새롭고, 독창적인 시도를 하려는 사람은 늘 기존 질서를 유지하고자 하는 세력과 갈등을 빚기 마련이다.

그럼에도 '나쁜 사람=강자'는 일부러 이 길을 선택한다. '나쁜 사람=강자'는 스스로 덕을 생성하는 자고 이 세상을 변화시키는 자들이다.

'약자=착한 사람'들은 이러한 강자들을 향해 자기중심적이라고 큰소리치지만, 사실 착한 사람들만큼 이기적인 사람들도 없다.

그들은 나쁜 사람이 될 수 있을 만큼 충분히 강하지 않기 때문에 착한 사람인 것이다. '착한 사람=약자'들의 가장 큰 죄는 스스로에 대해 자각하지 못하는 것, 성찰하지 못하는 것, 느끼지 못하는 것이다. 이들은 자신의 약함이 약자로 살기로 거부한 사람들(스스로 덕을 생성하는 자)에게 어떠한 피해를 주는지를 생각조차 못한다.

공동체에서 배제되는 것을 극도로 두려워하는 약자들은 보호색에 숨어 자신을 철저하게 통제하고 억압한다. 이는 다른 사람들도 마찬가지고, 마땅히 그래야 한다고 생각한다. 그래서 다른 사람의 고유성을 인정하지 않으려 하고, 억압하려 한다. 보편성을 내세워 자신의 창조성뿐만 아니라 타인의 창조성까지 억압한다.

약자는 자신이 심판받는 것에 대해 극도의 두려움을 느낀다. 때문에 사회의 관습을 벗어나 스스로를 심판대에 올려놓는 강자들을 절대적으로 비난하고 배제한다. 이들은 인간 행동의 복잡성에 대해 너무나 깊은 생각하지 않도록 매일 스스로를 훈련해왔기 때문에 자신만의 세계를 건설한 사람이 어떻게 가장 세계적인 인물이 될 수 있는지, 가장 자기중심적인 인간이 어떻게 가장 이타적인 인물이 될 수 있는지 그 원리를 전혀 이해하지 못한다.

6.
동정은 이기적이다.

누군가의 동정이 약자와 번민하는 자에게 위안이 되는 이유는 그들이 그로 인해 자신들의 온갖 나약함에도 불구하고, 적어도 아직은 타인을 괴롭게 만들 수 있는 한 가지 권력을 지니고 있다는 점을 의식할 수 있기 때문이다.

불행한 사람은 동정의 말에서 일종의 우월감 비슷한 쾌감을 얻는다.

자신이 아직 세상 사람들에게 고통을 줄 정도로 중요한 존재라는 자부심이 고개를 처든다. 그러므로 동정받고 싶다는 갈망은 자기 만족을 향한 그것도 이웃이 돈을 대신 지불하는 자기 만족을 향한 갈망이다.

〈인간적인 너무나 인간적인〉

우리가 동정적인 행위를 할 경우 우리가 우리 자신에게서 제거하는 것은 자신의 고통일 뿐이다.

〈아침놀〉

쇼펜하우어는 '동정심'이라는 것을 다른 사람의 고통을 자신의 것으로 경험하는 것이라 생각했다. 하지만 니체는 그런 경험은 불가능하다고 보았다. 동정을 바라는 것은 다른 사람이 함께 고통 받기를 원하는 것이고 동정을 바라는 사람들은 자신에게 최소한 그러한 힘이 있음을 확인하고 만끽하고 싶어 할 뿐인 것이다.

동정을 갈망하는 사람은 자기가 고통을 당했던 이야기, 너무나 힘들어서 자살을 다짐했던 이야기, 지금 자신이 얼마나 비참한지를 사석에서 장황하게 늘어놓고 상대방이 곤란해하는 모습에서 자신의 존재를 되찾고자 한다. 자신이 얼마나 비참하고 불행한지를 상대방이 인정해주고 자신에게 엎드려주기를 바랄 뿐이다.

만약 당신이 그에게 조금이라도 비난이 섞인 말을 한다면(차갑지만 현실적인 조언), 즉시 당신을 죽일 듯한 눈으로 노려보며 우정이나 당신의 인간됨에 대하여 설교를 장황하게 늘어놓기 시작할 것이다. 당신에게 자신이 얼마나 힘들고 비참한지를 계속 반복해서 말할 것이다. 왜냐하면, 그의 목적은 당신을 지배하는 것에 있었기 때문이다. 니체의 말대로 동정받고 싶다는 갈망은 자기만족을 향한 그것도 이웃이 돈을 대신 지불하는 자기만족을 향한 갈망이다.

니체가 볼 땐 동정을 베푸는 입장도 크게 다르지 않다.

니체는 동정심에서 나오는 행위는 사실 타인을 위한 것이 아니라 결국 자신을 위한 것이라고 주장한다. 예를 들어, 어떤 동물이 학대받는 것을 목격했을 때, 우리에겐 동정심이 발동한다. 즉 그 동물과 함께 괴로워한다. 그러나 니체는 우리가 느끼는 고통이 결코 그 동물의 고통이 될 수 없다고 말한다. 다시 말해 '그 동물이 겪는 고통'이 싫은 것이 아니라 학대받는 동물을 지켜보며 느끼는 '나의 고통'이 싫다는 것이다.

학대 받는 동물의 고통, 그 자체가 아니라 그것을 지켜보는 내가 더 괴로우니 그 학대를 멈추려고 하는 것이다. 이처럼 인간은 이기적이다.

니체는 〈아침놀〉에서 "우리가 동정적인 행위를 할 경우 우리가 우리 자신에게서 제거하는 것은 자신의 고통일 뿐이다."라고 하였다. 결국, 동정은 타인의 고통이 아닌 나의 고통을 향해 있다.

역설적이게도 과도할 정도로 동정을 베푸는 사람은 약자를 자기만족의 수단으로 여긴다. 타인을 자신의 쾌락을 위한 수단으로 여기는 것이다.

동정은 타인을 나의 쾌감의 수단으로 이용한다는 점에서 나쁘고, 타인을 현실에 있는 그대로 안주하게 한다는 점에서 나쁘다.

7.
동정은 인간을 나약하게 만든다.

시험삼아 한 번 실제 생활 속에서 동정심을 일으키는 계기들을 의도적으로 추적해보고 자신의 환경에서 마주할 수 있는 모든 비참함을 항상 마음에 그려보는 사람은 반드시 병들고 우울해 질 것이다.

〈아침놀〉

동정은 생명감의 에너지를 증대시키는 강직한 격정과는 반대의 것이다.

그것은 의기소침하게 만든다. 동정을 느낄 때, 사람들은 힘을 상실한다.

고통 자체가 이미 삶에 끼치는 힘의 손실은 동정으로 인해 더욱 커지고 몇배로 불어난다.

고통 자체가 동정에 의해 감염되며 경우에 따라서는 동정에 의해 삶과 생명력의 총체적 손실이 발생할 수 있다.

〈안티크리스트〉

니체는 그의 저서 〈아침놀〉과 〈안티크리스트〉에서 동정이 얼마나 우리의 삶의 의욕을 빼앗아 가는 지에 대해 언급한 바 있다.

동정은 삶의 의욕과 힘을 빼앗아 간다. 그것은 우리를 끊임없이 슬프게 하고, 우울하게 하며, 분노하게 만든다.

그래서 니체는 거리를 두는 파토스라는 개념을 제시한 것이다.

독자들 중에는 니체가 너무 차가운 사람이 아닌가 생각하는 사람들도 많을 것이다. 하지만 니체는 동정 자체를 부정하진 않았다. 대신 니체는 우리에게 단단한 껍질 속에 숨겨 둔 동정을 베풀 것을 권한다.

> 그래서 그대에게 고통 받는 친구가 있다면, 그대는 그의 고통이 쉴 수 있는 휴식처가 되도록하라. 그러면서 딱딱한 야전 침대가 되도록 하라. 그래야만 그대가 그에게 가장 필요한 자가 될 것이다.
>
> (…)그러므로 모든 커다란 사랑은 이렇게 말한다.

"사랑은 용서와 동정 조차 극복한다"라고

〈차라투스트라는 이렇게 말했다〉

참으로 나는 동정을 베풀면서 행복을 느끼는 자비로운 사람들을 좋아하지 않는다.
그들에게는 너무도 수치심이 없다.
내가 동정하지 않을 수 없는 상황이라 할지라도, 나는 동정심 많은 자라는 말을 듣고 싶지는 않다. 내가 동정을 해야 할 때라도 가능한 한 멀리 떨어져서 동정하고 싶다.

그리고 다른 사람이 나를 알아보기 전에 얼굴을 가리고 도망치고 싶다.
그대들도 그렇게 하라, 벗들이여!
다만 나의 운명이 그대들처럼 고뇌하지 않는 자들이 있는 곳으로 나를 이끌어주기를!
희망과 식사와 꿀을 함께 나누어도 좋은 자들이 있는 곳으로!

〈차라투스트라는 이렇게 말했다〉

누군가를 동정한다고 했을 때, 그 사람은 현실에 안주하고 말 것이다.

취업난에 허덕이는 청년에게 '너는 지금 그대로 눈부시게 아름답다'라고 감성팔이하는 것과 똑같다.

그래서 니체는 친구가 고통에 빠질 때, 자신은 안락한 침대가 아니라 딱딱한 야전 침대가 되어 주겠다고 말했다. 그 친구가 빨리 힘을 회복하여 자신의 두발로 다시 일어설 수 있게 말이다. 자신이 따뜻하고 편안한 침대가 되어 친구가 자기에게 오래도록 의존하도록 만드는 것은 진정한 우정이 아니다. 니체가 볼 때 진정한 우정은 친구가 빨리 자신의 힘을 되찾아 자신의 길을 갈 수 있도록 해주는 것이다. 이것이 위대한 사랑이다.

이처럼 초인(超人)은 자신의 이상을 향해 나아간다고 해서, 권력을 추구한다고 해서, 주변에 있는 다른 사람들의 고통을 차갑게 외면하는 사람이 결코 아니다. 단지, 보통 사람들의 시선에서 보이지 않는 높은 곳에서 덕을 생성하기 때문에 차갑고 냉정하게 보일 뿐이다.

초인(超人)은 자신만의 독립적 가치를 창조할 수 있는 사람이다. 이는 초인(超人)이 우리가 사는 이 세계에, 다른 사람들의 삶에, 큰 영향을 미칠 수 있음을 의미한다.

초인(超人)은 존재의 고통을 알기에, 고통받는 한 개인의 위치를 넘어서서 인류 향상을 실천할 의지가 있는 존재다.

5장

위험하게 살아라

1.
후회하기 전에 위험을 무릅써라

허물을 벗지 않는 뱀은 결국 죽는다. 인간도 이와 다르지 않다. 낡은 사고의 허물 속에만 갇혀 있으면 성장은 고사하고 안쪽부터 썩어들어가 죽고 말 것이다. 늘 새롭게 살아가기 위해 우리는 사고의 신진대사를 하지 않으면 안 된다.

〈아침놀〉

믿어라. 가장 위대한 풍요와 가장 큰 즐거움을 만끽할 수 있는 비법은 바로 '위험하게 사는 것'이다. 그대의 도시를 베수비오 화산 위에 건설하라! 당신의 배를 아직 탐험 되지 않은 바다로 출항시켜라! 당신 자신과 투쟁하라!

〈즐거운 학문〉

위험하게 살라는 말은 관습적인 지혜에 위반되거나 아직 입증되지 않는 것들에 배짱 있게 도전하라는 말이다.

중간에 발생하는 시행착오는 애초부터 피할 수 없는 것임을 각오하고 실패를 성공으로 나아가는 필수적인 과정으로 보아야 한다. 실패를 좋아해서 그것을 고의로 추구하는 사람은 없다. 실패는 아프고, 쓰고, 고약한 맛이 나는 것이다. 하지만 늘 창의적인 시도는 애초 불확실성을 가지고 있을 수밖에 없다. 절대 실패하지 않겠다는 것은 결코 실패할 일이 없는 안정된 길만 가겠다는 것을 의미한다. 안정적인 길만 찾아가면 자기실현을 할 일도 없다. 획일적인 삶, 외부의 기준에서 무난한 삶을 추구하면 독창성과 그만큼 멀어진다.

실력이 완전히 갖추어지면, 돈이 많아지면, 인맥이 구축되면 그래서 완벽한 자신감이 생기면 도전하겠다는 사람들은 모든 것이 갖추어져도 움직이지 못한다. 애초부터 자신감을 가지고 덤빌만한 일은 누구나 지나다닐 수 있는 고만고만한 길밖에 안 된다.

위대한 혁신가들은 겉으로 볼 때 자신감이 넘쳐 보이지만, 그 강철같은 외피를 한꺼풀 벗겨 내면 그들 또한 실패에 대한 두려움으로 내면이 점철되어 있음을 알 수 있다. 그러나 그들은 실패를 대하는 태도가 범인과 다르기에 범인의 범주에서 벗어난다.

그들은 실패에서 다음 시도를 위한 교훈과 유용한 재료들을 추출해서 활용할 줄 안다.

실패는 사실 연구개발비인 것이다.

안전만 도모하는 것이야말로 나중에 보면 무모할 만큼 위험한 태도였음을 알게 될 것이다.

코닥의 사례는 우리에게 경고의 메세지를 던져준다.

코닥은 1900년 브라우니라는 아마추어 카메라를 출시해서 승승장구했다.

가격도 저렴하고 사용법고 간단한 데다 가벼웠다. 그 당시 코닥의 혁신은 그 카메라에 들어갈 필름에 달려있었다. 코닥은 15센트에 불과한 필름을 만들어냈고 큰 성과를 거두었다. 코크와 코카콜라가 거의 동의어인 것처럼 코닥은 사진과 거의 동의어가 되었다. 사람들은 삶에서 중요한 순간을 맞으면 "코닥의 순간이다"라고 말할 정도였다.

하지만 이렇게 영원히 승승장구할 것 같던 코닥은 2012년에 파산보호신청을 하기에 이른다.

카메라를 대표했던 회사 코닥은 어쩌다가 이러한 지경에 이르렀을까?

그 이유는 기존의 기술에 매료된 나머지 새로운 시도에 대한 모험을 감행하지 않았기 때문이다. 사실 1970년대 코닥의 기술전문가 스티브 새슨과 짐 슈에클러가 기존의 필름이 아닌 스크린 상에 사진 이미지를 만들어낼 기술을 실험했지만, 당시 이미 시장 점유율이 70%에 달하던 코닥 입장에서는 굳이 모험을 감행할 필요를 느끼지 못한 것이다. 기존의 수익이 잘 나오는 사업에서 실패할지도 모르는 사업으로 무게 중심을 옮기는 것은 누가 봐도 무모한 일이다.

코닥은 1975년 디지털카메라를 개발했지만 디지털카메라가 필름을 위협한다며 창고에 묵혀두는 바람에 디지털카메라의 상용화에 나선 일본 소니에 시장을 다 빼앗기고 말았다. 결국, 디지털카메라가 필름카메라보다 많이 팔리는 세상이 도래하여 코닥은 모든 제품라인에 걸쳐 곤경에 부닥쳤다.

디지털 흐름에 뒤처진 코닥은 시대를 역행한 몰락 기업의 대표 사례로 거론된다.

(2020년 기준 필자는 최근 코로나 사태를 지렛대 삼아 코닥이 제약회사로 변신했다는 기사를 접했다. 필름 제조 과정에서 획득한 화학물질 가공 기술을 활용해 제약원료를 생산하게 된 것이다. 이렇듯 끊임없이 혁신과 변화를 시도해야만 기업은 생존할 수 있다. 코닥의 새로운 도전에 경의를 표한다.)

기업이 아닌 개인도 자기가 성취한 것을 걸고 모험을 하고 싶어하지는 않는다.

혁신이 더 이상 내려갈 곳도 없는 절박한 상황에서 발생한다는 사실이 이해가 된다. 사실 어느 정도 성공한 사람일수록 지금의 성취와 안락함에 의존하기 쉽다. 잃을 것이 없는 사람들이 간혹 세상을 뒤집는 결과를 낳기도 하는 것이다.

위대한 것은 결코 안락한 영역에서 발생하지 않는다. 언제나 용기를 내야 하는 영역에서 탄생한다. 당신은 위협을 무릅쓸 수 있는 능력과 용기는 어느 정도인가?

대담한 행동을 한다고 해서 전 재산을 주식에 투자한다거나 직장을 퇴사하는 등 극단적인 선택을 하라는 것이 아니다.

당신 스스로가 작지만 대담한 행동들을 매일매일 해보아라. 지금까지 당신이 할 수 없다고 믿었던 행동들을 조금씩 하다 보면 그것이 일상이 되고, 이제 당신은 더 대담한 행동을 할 수 있는 힘을 갖추게 된다.

이 글을 쓰고 있는 필자 역시 새로운 시도를 할 때마다 두려움을 느낀다. 지금 쓰고 있는 이 원고가 출판사와 기획 출판 계약을 맺어서 세상에 나올 수 있을지, 나의 작품들이 세상으로부터 어떠한 평가를 받을지, 10년 뒤에 나의 모습은 어떠할지, 내가 생각한 나의 이상적인 모습과 일치할지에 대해서 걱정도 된다.

하지만 그러한 두려움에도 불구하고 계속 앞으로 밀고 나아가는 나의 모습에서 나의 강함을 만끽한다. 세차게 흐르는 강

물을 역으로 거슬러 올라가는 과정에서 일종의 자기 고양감을
느낀다.

2.
창조와 광기

탁월하게 두각을 드러내는 자, 비범한 재능을 가진 자, 시대를 앞서가는 자가 있다. 이러한 자들은 대중으로부터 자신의 생각이나 의견, 행동을 전혀 이해받을 수가 없다. 왜냐하면 사람은 자기 능력을 훨씬 넘어서는 일에 대해서는 이해는커녕 상상조차 할 수 없기 때문이다. 그 결과로 비범한 능력을 가진 자는 때때로 괴짜나 이상한 사람으로 보인다. 심지어 대중의 눈에 아예 띄지 않는 경우도 있다.

〈생성의 무죄〉

위험하게 산다는 것은 대다수 사람들이 지나다니는 평탄한 길을 거부하고 자신만의 길을 찾아 떠나는 것이다.

새로운 가치를 창조하려면 기존 관점에서의 일탈이 필요하고, 이 지점에서 창조와 광기는 긴밀하게 맞닿아있다.

새로운 패러다임을 제시하고 인류를 발전시키는 사람은 하나같이 통상 범주에서 벗어난 사람들이다. 우리는 누군가가 위대한 업적을 낳았다고 해서 반드시 완전히 제정신이라거나 심지어 합리적이라는 것을 의미하지 않는다는 것을 깨달아야 한다.

우리는 사회적 규범과 상식에서 벗어나 있는 인간들에게 광인이라는 표현을 쓴다. 한마디로 정상에서 벗어나 있다는 것이다.

하지만 여기서 말하는 광기는 단순한 정신이상이나 성격이상에 국한되지 않는다.

광기란 정상적인 사회적 기능을 방해하는 독특한 사고방식이나 정신세계를 의미하기도 하고 세계의 비밀과 창조와 관련된 (논리로 설명될 수 없는)신비스러운 힘을 의미하기도 한다.

우리는 사회적 규범이나 불문율을 따르지 않는 사람들을 미친 사람으로 취급하지만 때로는 탁월한 정신적 높이에서 우리가 볼 수 없는 것을 보는 사람들, 우리의 지성으로는 전혀 도달할 수 없는 세계에 발을 내디딘 사람들까지 광인으로 취급해버리곤 한다.

지성의 높이는 지적인 혼란과 모순을 수용할 수 있는 능력과 거의 비례한다.

지적인 혼란을 감당할 능력이 부족한 대부분의 사람들은 외부의 보편적 진리를 습관적으로 차용해서 어떠한 대상이나 현상에 대해 정상과 비정상, 선과 악, 좋음과 나쁨으로 나누는 것을 좋아한다. 니체가 말하는 말인(末人)이라는 존재는 정신적 안락을 추구하는 것이 최고의 목표이므로 자신에게 익숙하지 않은 것들을 '비정상', '악', '나쁨'이라는 카테고리에 습관적으로 던져 놓는 것이다.

이점에서 광기에 반대되는 것은 건강이 아니라 길들여진 두뇌다.

광기는 비정상이 아니라 지적으로 병든, 게으른 사회에서 드물게 존재하는 건강한 정신일 수 있다.

우리가 누군가를 미쳤다고 말하는 것은 그가 건강하지 않아서가 아니라 우리와 보편적인 신념을 공유하지 않기 때문이다.

니체가 한때 존경했던 쇼펜하우어는 위대한 천재에 대해 다음과 같이 말하고 있다.

"위대한 천재란 모든 시대를 초월하여 인류에서 불멸의 가치를 남긴 사람들을 두고 하는 말이다. 그렇다고 해서 천재들의 재능이 그들에게 행복한 삶을 약속하는 것은 아니며, 오히려 그 반대인 경우가 많음을 알 수 있다. 그리고 천재들의 행동은 거의 모든 면에서 동시대와 모순되기 마련이므로, 외부세계와의 관계가 원만하지 못하다.

그런가 하면 천재는 시대라는 유성의 궤도에 뛰어든 혜성과도 같은 존재라고 할 수 있다. 그 궤도의 규칙적인, 그리고 명확히 들여다볼 수 있는 질서의 세계에서 보면, 혜성의 변덕스러운 진로는 매우 기이하게 보인다.

따라서 천재는 오래전에 확립된 시대의 규칙적인 궤도에 진입할 수 없으며, 오히려 시대가 그의 능력을 겨우 뒤쫓아서 붙잡을 수 있는 아득히 먼 길에 내던져진다."

쇼펜하우어는 천재와 광기의 관련성을 설명하는 데 있어 거침이 없는 철학자였다. 만약 시대를 너무나 앞선 나머지 고독을 감당해야 했던 니체가 쇼펜하우어의 글을 보았다면 매우 좋아했을 것이 자명하다.

쇼펜하우어가 말하는 천재나 니체가 말하는 초인(超人)은 여기서 상당한 교집합을 이룬다.

광기는 정신이상과 보편성에서 벗어난 사고방식을 모두 포괄하는 것인데, (물론 니체는 둘 다 해당했지만) 그것이 기존 질서를 교란시키는 창조적 인물들을 따라다니는 것은 매우 자연스럽다. 그것이 천재이든 니체가 말하는 초인(超人)이든 말이다.

니체의 초인(超人)은 자신을 구속하는 모든 것으로부터의 자유를 추구한다.

이는 표면적으로 비동질적, 비사회적 모습으로 나타난다.

하지만 천재나 초인(超人)이 아닌, 일상에서 상식의 울타리 안에 거주하는 평범한 사람들도 살면서 한번 쯤은 미친 짓을 한 적이 있다. 왜냐하면, 지성을 지닌 존재로서 모든 인간은 크든 작든 창조적 잠재력과 욕망을 가지고 있으며, 자신을 자유롭게 하고 흥분하게 만드는 것은 또 필요하고 자연스러운 일이기 때문이다.

만약 광기가 그저 정신병에 불과한 것이라면 우리는 미치지 않기 위해 정신건강을 챙기는 것만으로 충분할 것이다. 광기를 정신병이라는 좁은 범위로 한정시키는 사람보다 더 위험한 사람은 없다. 광기가 없는 사람은 오히려 정상이 아니다. 광기는 그 자체로 나쁜 것도 해로운 것도 아니다. 광기는 모순과 비상식을 거부하지 않고 그것을 받아들인다. 광기는 길을 잃는 것을, 혼란한 상황을 두려워하지 않는, 풍부한 영감을 발생시키는 감각의 양성소다.

창조적인 사람이 되기 위해서는 누구나 광기가 필요하다.

그렇지 않으면 합리적이지 못한 일들을 저지를 용기와 자유를 가지지 못할 것이기 때문이다. 광기는 대부분의 사람들이 옳고 바람직한 것으로 규정짓는 것과는 전혀 다른 길을 선택할 기회를 준다. 이렇게 자발적 혼란 상태에서 인간의 정신은 그 한계를 넓혀 높이 날아갈 수 있다.

3.

고독을 즐기는 강자

나는 나 자신을 기다려야 한다. 나의 자아 샘으로부터 물이 나올 때 까지는 시간이 걸린다. 그리고 내가 인내할 수 있는 것보다 더 오랜 시간 갈증을 참아야 한다. 그래서 나는 고독으로 들어간다. 많은 사람들 틈에 끼어서는 그 사람들처럼 살게 되고, 내 식으로 생각하지 않게 된다. 그 상태에서 시간이 흐른다면 사람들이 나를 나 자신으로부터 추방시키고 나에게서 영혼을 빼앗을 것이다. 그래서 나는 모든 사람들에 대해 악의를 품으며 두려움을 느낀다. 그 때 내가 다시 잘 성장하기 위해서는 사막이 필요하다.

〈아침놀〉

여기서 말하는 고독은 단순한 양적 소수나 사교성 부족으로 인한 고립 상태를 의미하기보다는 정신적 독립을 의미한다.

대부분의 사람들은 고독과 외로움을 구분 없이 사용하지만, 좀 더 분별력 있는 사람들은 이 유사한 두 개념 사이에서 큰 차이를 발견해 낼 수 있을 것이다.

외로움은 홀로 설 수 없는 주체가 혼자임을 버티지 못하여 느끼는 무기력한 고립 상태를 말하고 고독은 자기 내면에 온전히 집중하는 존재이자 우수한 독립적 주체이기 때문에 누릴 수 있는 자발적인 고립 상태다. 전자는 자의에 상관없이 강요된 고립이고, 후자는 자발적으로 누리는 고립이다.

지금 존재하는 모든 창조적 결과물들은 고독한 인간들에게서 나왔다.

사람들이 모여 북적이는 공원 한가운데 앉아 있을지라도, 꽃 한 송이를 바라보며 머릿속에 시를 짓는 인간은 고독한 인간이다.

물론, 혼자만 있어서는 더 큰 창조적인 일을 할 수 있는 네트워크에 합류하지 못할 수도 있다. 하지만 모든 예술가는 네트워크에 합류하기 전에 고독을 필요로 한다. 네트워크에 합류하여 팀을 구성하는 것은 그다음의 일이다.

모든 창조적인 일은 타인의, 심지어 가족의 방해도 없는 집중과 몰입의 시간을 필요로 한다. 마음껏 두 날개를 펼치고 나는 연습을 할 수 있는 드넓고 고요한 하늘이 필요하다. 창작의 결과물은 우아하지만 그것이 원하는 만큼 확실해지기 전까지의 과정은 추하기 때문에 그것을 지켜보거나 방해하는 시선이 없어야 한다.

그래서 예술가들은 자신만의 공간을 확보해야 한다. 알버트 아인슈타인 역시 '외톨이로 지내라 그러면 진리에 대해 탐구할 시간이 생긴다'라고 하였다.

특정 집단이 공유하는 이념이나 신념으로부터 벗어난 개인은 자신의 독창성을 덜 오염 받게 된다. 특정집단이나 패거리에 대한 소속감이 약한 개인은 기존의 질서를 무시하고 자신의 신념에 따라 행동해도 별로 잃을 것이 없다. 그 결과로 남보다 더욱 과감하고 독창적인 시도를 할 수 있는 것이다.

세상에 속해있으면서도 세상과 동떨어진 그곳이 최고의 창조성을 낳는 명당이다.

보통 사람들은 고독을 두려워하고 회피하려고 하지만 최고의 사람들은 고독 속에서 유익함을 발견한다. 고독의 시간은 외부세계에 대한 지나친 관심과 집착을 거둬들이고 자기 자신에게 더욱 몰입하는 시간이다. 이들은 고독의 시간 동안 내면에 자신만의 고유한 세계를 건설한다. 이미 확립된 가치나 기준을 넘어서려고 노력한다. 이들은 언제나 새로운 가능성에 대해 열려있는 사람들이다. 자신에게 익숙하지 않은 현상도 예민하게 지각하고 이미 확립된 가치의 기준을 넘어서는 생각을 한다.

불협화음을 일으키고 공감능력이 부족할 것 같지만, 사실 이들은 사회를 더욱 올바른 방향으로, 훨씬 개방적이고 창의적인 방향으로 나아가게 한다. 이처럼 스스로 덕을 생성할 수 있는 고독한 사람들이 한데 모여 발휘되는 것이 집단 지성인 것이다.

관습적인 지혜나 상식을 공유하는 사람들 사이에서 배제당하기 쉬운 사람이 의외로 극단적인 창조성을 발휘한 사례는 아주 많다. 뛰어난 인물들은 모두 그 당시의 사람들보다 앞선 사람들이었다.

그 결과로 그들의 사상과 행동이 보통 사람들에게 이해와 공감을 받지 못했으며 자연히 고독한 처지가 되었다. 고립을 두려워하여 세상의 일반적 가치관에 철썩 달라붙어 동조하는 보통의 사람들과는 전혀 반대의 길을 간 것이다.

아인슈타인이 그랬고, 이 책의 핵심인물인 니체도 그랬고, 에디슨도 그랬으며, 찰스 다윈도 그랬다. 그 외 천재적인 업적을 낳은 것으로 평가되는 사람들을 살펴보면 대부분 보통의 무리에서 배제된 자, 즉 아웃사이더에 해당한다. 이처럼 정신적으로 독립된 인간일수록, 사상이 풍부한 인간일수록 고독은 피해 갈 수 없는 숙명이다.

이들의 앞서 가는 사고와 독특한 지적 개성은 필연적으로 사상이 빈약한 대다수 사람과 이질감을 형성하기 때문이다. 쇼펜하우어 역시 모든 위대한 정신은 고독할 운명에 처한다고 말하였다.

자기 이질감이란 사회 속에서, 집단 속에서 자기 자신은 남들과 다르다는 느낌을 말한다.

이것은 단순히 우월감이나 선민의식이라기보다는 혼자서만 다른 무리와 동떨어져 있다는 느낌을 말한다. 보통의 사람들은 자기 이질감이 드는 순간 어떻게든 사람들이 공유하는 가치관과 관심사를 학습하여 그들과의 거리를 좁혀나가는 행동을 취할 것이다. 사실 다수가 따르는 가치와 기준에 편승하는 것은 그 집단 내에서 생존을 위한 가장 손쉽고 최적화된 방법이기도 하다.

하지만 원래부터 좀 괴짜였던 사람들, 남들과 조금 다른 가치를 추구하는 사람들은 자기 이질감이라는 것을 자신의 능력이 증명될 신호로 인식하는 경향이 있다. 자기 이질감은 주체마다 아주 다른 해석을 내릴 수 있다.

누군가에게는 '아웃사이더', '찐따', '부적응자' 정도로 해석되지만, 누군가에게는 '뭔가 대단한 것을 증명할 사람'으로 해석된다. 애초부터 기존의 집단에 무난하게 편입되기 어려운 조건을 가진 이들은 좀 더 과격하게 자신만의 세상을 꿈꾸고 추구하게 된다.

4.
비시대성, 시대와 부조화를 자초할 용기

타인으로부터 이해받는 것을 좋아하고, 오해받는 것을 꺼려하는 것이 보통의 상식이다. 그러나 모두에게 이해받을 바에는 차라리 오해를 받는 편이 낫다고 말하는 이가 있다. 그에게 있어 누구에게나 이해받는 다는 것은 '네가 생각하는 것은 누구나 쉽게 생각할 수 있는 평범한 수준에 불과할 뿐이다'이라는 조소를 듣는 것과 다름이 없다.

〈생성의 무죄〉

철학자 헤겔은 모든 철학자는 그 시대가 낳은 아들이라고 말했다. 하지만 니체는 "진정한 철학자는 가장 깊은 의미에서 비시대적이다."라고 말하며 반기들 들었다.

한 시대를 풍미하는 것들은 아무리 참신하고 훌륭한 것일지라도 시대성의 사멸과 함께 사라지고 만다. 시대를 초월하여 존재하는 것이 위대한 작품이다. 위대성은 시대성이 아닌 비시대성에서 나온다.

여기서 비시대성은 반시대성과 다르다. 반시대적인 것이야말로 지나치게 시대적인 것이기 때문이다. 반시대적인 것은 그 시대의 누구라도 상상하고 알아볼 수 있는 것들이다. 시대를 초월하는 것은 누구도 상상할 수도, 이해할 수도 없는 것들에서 나온다.

니체에게 있어 미래는 '아직 도래하지 않은 시간'이 아니다.

이미 도래해있지만 오해받는 시간이 바로 미래다. 그것은 시대와 이질감을 형성하고 부적응을 자초하는 시간이다.

이상하게도 학문적, 예술적 반성에서는 본인의 내면적 요구에 따라 깊이 있게 사색하고 탐색한 것이 먼 훗날 인류의 모든 분야에 있어 훌륭한 교감이 되는 경우가 많다. 애초에 곧 지나가 버릴 시대정신에 편승해서 대중적 인기를 의식한 것들은 시대를 초월하지 못한다.

작가가 곧 지나가 버릴 시류에 편승하면 당장 인기를 얻기는 쉬울 것이나 시대를 초월하는 고전을 남기진 못할 것이다.

보통의 작가는 그 시대에 가장 부합하는, 두루 읽힐만한 공감의 글을 창안한다.

하지만 니체는 미래에 도래될 인간에 대한 글을 썼다.

니체는 자신의 저서 〈차라투스트라는 이렇게 말했다〉에 '모두를 위한, 그러나 그 누구도 위하지 않은 책'이라는 소제목을 붙였다. 인류 모두를 위한 위대한 예언이지만 시대를 앞서 가는 엄청난 내용으로 동시대 사람들에게는 이해를 구하기 어렵다는 점을 본인 스스로도 잘 알고 있었던 것이다. 출판사는 이 책의 위대성을 알아보지 못했고, 니체는 자비로 책을 출판해야 했다. 출간 당시에도 이 책에 대한 세상의 반응은 철저한 무관심이었다.

니체는 출판사로부터 증정본을 받아 주변 사람들에게 나누어주었지만, 그 누구에게도 긍정적인 평가를 받지 못했다. 그 후 〈선악의 저편〉, 〈도덕의 계보학〉을 출간했지만, 세상은 별다른 반응을 보이지 않았다.

하지만 그 당시 아무에게도 주목을 받지 못했던 니체의 저서는 훗날 수백, 수천 권의 책이 쓰이는 계기가 된다.

5.
위대한 인간은 모순을 품는다.

가장 현명한 인간은 누구인가. 모순을 가장 풍부히 갖는 자, 모든 종류에 대해 촉각기관을 갖는 자다. 그리고 때때로 장엄한 화음을 이루는 위대한 순간을 경험하는 자다.

〈유고〉

모순을 수용한다는 것은 고도의 문화적 징표다.

〈즐거운 학문〉

객관적이고 논리적으로 검증될 수 있는 것만 인정하겠다고 주장하는 것은 얼핏 그 의도가 순수하고 진리에 대한 사랑이 깊어 보일 수 있다. 하지만 모든 인간은 자신이 가진 시야의 한계 속에서 다른 세상을 바라볼 수밖에 없다. 단지 대상이 자신과 맺고 있는 피상적인 이해관계나 물리적 거리에 따라 이것저것을 분류할 뿐이다. 대부분의 인간은 자신이 붙들고 있는 한쪽 세계를 세계의 전부로 알고 살아가고 있다.

말인(末人)은 오랫동안 사물의 본질에 대해 고민할 수 있는 인내력이 부족하다. 게으른 자가 누울 곳을 찾듯이 그 대상에서 나타나는 몇 가지 개념들을 추출해내고는 더 이상 그 대상에 대한 흥미를 갖지 않는다. 그러므로 삶에서 마주하는 모든 대상을 성급하게 판단하고 처리한다.

결국 그들이 말하는 상식이나 합리성이라는 것은 외부에 정해진 보편적 기준을 습관적으로 차용한 것에 불과하다. 자신의 지성으로 이해할 수 없는 모든 것들을 비정상이라는 카테고리에 던져 놓으면 정신적 안락과 자존감을 모두 지켜낼 수 있는 것이다.

실로, 지적으로 탁월하다고 하는 것은 모순을 수용할 수 있는 능력과 거의 비례한다.

초인(超人)은 모순적인 대상이나 현상에 대해 함부로 예단하지 않고 깊이 있게 사고한다.

초인(超人)은 대립의 공존을 장악한다.

대부분의 사람들이 '달(月)'과 '해(日)'를 붙잡고 대립할 때 초인(超人)은 그 두 대상에서 본질적 유사성을 발견하고는 '月'과 '日'를 결합시켜 '밝다'라는 의미의 '明'를 창조해낸다.

최고의 창의성은 표면상 전혀 관련이 없어 보이거나, 서로 상반되어 보이는 대상 사이에서 유사성을 발견해내고 그것을 결합시키는 것과 관련이 있다.

자신만의 작은 세계를 내려놓고 더 큰 세계를 보게 될 때 인간은 이미 익숙해져 있는 공식에서 벗어나 새로운 것을 발견할 수 있다.

최고의 창의성이 깃들어 있는 영역은 항상 이쪽과 저쪽의 특성이 공유되는 경계면이다.

춤추는 별을 잉태하려면 반드시 스스로의 내면에 혼돈을 지녀야 한다. 니체는 시대와 불화하는 사람은 어쩔 수 없이 자기모순을 일으키고 또 원해야 한다고 말한다. 니체는 모순과 혼동의 철학자다.(니체의 사상은 난해한 요소가 많으며, 그의 사상을 설명하는 데 있어 학자들의 견해가 엇갈리기도 한다. 니체가 이런 평을 듣게 된 것은 그의 글쓰기 스타일, 많은 분량의 작품, 그 당시 독자들에게 쉽게 이해되지 않으려는 그의 의도가 종합적으로 작용한 것이다.)

다양한 가치를 수렴하기 위해서는 모순을 수용해야 한다.

우리가 살아가는 현실 세상은 논리학과 엄연히 다르다. 논리학에서는 모순을 허용하지 않는다. 'A는 B다'라는 명제와 'A는 B가 아니다'라는 명제는 서로 양립할 수 없다. 두 명제 중 어느 하나가 참이면 어느 하나는 필연적으로 거짓이 된다.

하지만 이 세상은 결코 논리학처럼 돌아가지 않는다. 이 세상은 논리학의 세계와 달리 모순과 혼란으로 가득 차 있다. 그래서 우리는 상반 되는 두 영역의 경계면에 서 있어야 한다.

경계에 서 있는 다는 것은 어느 한 편에 속해있지 않다는 것이다. 모든 이념, 신념, 이론은 어느 한 쪽 편에 존재하는 것이다. 이념에, 신념에 갇힌다는 것은 한편에 선다는 것이고, 경계 서지 않는다는 것이다. 반면, 경계에 서 있는다는 것은 모순을 수용하는 것이다. 모순을 수용하게 되면 이 세계에 적절하게 반응하게 된다. 적절하게 반응한다고 함은 이 세계를 봐야 하는 데로 보지 않고 보여지는 데로 볼 수 있음을 말한다. 여기에서 직관이 나오고 창의성이 나온다. 위대한 지성일수록 모순을 적극 수용하고 상반된 유형의 대립에서 역동적인 해결책을 제시한다.

학창시절 권위를 무시하는 태도로 교수들에게 미움을 받은 아인슈타인이 20세기 최고의 물리학자가 될 수 있었던 것은 바로 어느 이론에도 갇히지 않는 자유로운 사고방식 덕분이다.

특수 상대성이론의 출발점은 고전적인 역학과 전자기학의 모순을 해결하는 것에 있었다. 달리는 차와 정지한 차에서 나오는 빛의 속도는 고전역학에 따르면 서로 다르지만, 전자기학에 따르면 일정하다는 모순을 해결하려는 시도를 아인슈타인이 한 것이다.

권위에 얽매이지 않는 자유로운 사고방식이 그를 최고의 천재로 만들었다.

그 당시 프랑스의 푸앵카레 역시 아인슈타인의 특수상대성 이론과 비슷한 결론에 도달해 있었지만, 이 두 사람에게는 결정적인 차이가 있었다.

이론 물리학자 프리먼 다이슨은 푸앵카레와 아인슈타인 간의 차이를 다음과 같이 묘사했다.

"푸앵카레와 아인슈타인 간의 근본적 차이점을 말하자면 푸앵카레는 보수적인 반면, 아인슈타인은 혁명적이었다는 점이다. 푸앵카레는 전자기학의 새로운 이론을 찾았을 때 기존 이론을 계속 고수하려 했지만 아인슈타인은 옛 이론을 거추장스러운 것으로 여겼고, 그것을 제거하면서 기뻐했다. 그가 제시하는 이론은 단순명료하면서도 더 우아했다. 절대 공간이나 절대 시간도 없고, 에테르도 없었다. 에테르라는 매질에 탄성이 있으며 그 안에서 전기력과 자기력이 전달된다는 복잡한 설명과 아울러 이를 교조적으로 추종했던 저명한 원로 교수들은 역사의 뒤안길에 함께 버려졌다."

(*에테르란 광파를 전달하는 매질이라고 생각되고 있던 가상의 물질이다. 에테르의 존재를 신봉하던 당시 물리학자들은 모든 파동은 매질이 있어야 한다고 믿었다. 물결파는 물이라는 매질을 통해서, 소리는 공기라는 매질을 통해서 전

달되듯, 빛 역시 에테르라는 매질을 통해서 전파된다고 본 것이다. 19세기 물리학자들은 전자기파와 중력파를 전하는 에테르라는 물질이 우주에 가득 차 있다고 믿었다.)

푸앵카레도 아인슈타인이 얻은 통찰에 근접했지만, 뉴턴 역학의 전제에 갇혀 있었기 때문에 끝끝내 그 경계를 넘어서지 못했다. 아인슈타인이 통찰을 얻을 수 있었던 것은 그가 권위에 대해 의심하던 태도를 통해 어느 한 쪽편에 서지 않고 독립적으로 사고할 수 있는 힘을 기를 수 있었기 때문이다.

모순을 해결할 수 있는 힘은 어느 한 쪽이 아닌 경계에서 나온다.

6.
노동 때문에 자신을 망각하지 말라

활동적인 사람들에게는 차원높은 활동이 빠져있다.
이러한 점에서 그들은 태만하다.
활동적인 사람들은 돌 굴러가듯 기계적 성격의 우둔함에 따라 굴러갈 뿐이다.
모든 인간은 모든 시대에 그랬던 것처럼, 지금도 여전히 노예 아니면 자유인이다.
왜냐하면 하루의 3분의 2를 자신을 위해 쓰지 못하는 사람은 모두 노예이기 때문이다.

〈인간적인 너무나 인간적인〉

높은 급여를 통해 그들의 비참한 삶이 본질적으로 극복될 수 있다고 믿는 다면 큰 오산이다. 임금이 높아진다고 해서 그들이 당하고 있는 비인격적인 노예화가 지양되는 것은 아니다. 아, 인격이 아니라 나사가 되는 것을 대가로 하나의 값을 갖게 되다니!

〈아침놀〉

우리 현대인이 가장 많이 머무는 공간은 아마도 직장이나 학교일 것이다. 우리가 직장에서 머무는 시간은 가정에 머무는 시간보다 더 길다. 잠자는 시간을 제외하면 퇴근 후 우리에게 허락된 자유의 시간은 대부분 6시간을 넘지 못한다.

직장은 '나'의 경제적 생존과 직결된 곳이고, 사명감을 부여하는 곳이기도 하지만 동시에 '나'를 억압하는 곳이기도 하다.

참된 자아, 즉 '나다움'을 집단이 정해준 '~다움'에 가려서 희생시켜야 한다.

하여튼 우리는 직장에서 매우 활동적인 사람이다. 하지만 기계적으로 활동적인 사람이다. 인간은 순종적인 존재가 되어 조직 속의 한 부품으로 전락하기 쉽다. 기계적인 활동은 성실성, 근면함이라는 외투를 뒤집어쓰고 신성함을 가장한다.

규칙에 대한 생각 없는 복종. 조직은 개인에게 그러한 신성함을 강요한다. 그리고 개인들은 그러한 신성함의 대가로 더 많은 보수를 받고 승진을 한다. 하지만 그러면서도 의외로 형언할 수 없는 공허함을 느끼는 사람들이 많다.

그 공허함의 출처는 어디인가? 니체는 '차원 높은 활동의 부재'에 그 원인이 있다고 말한다.

니체가 말한 차원 높은 활동의 부재는 외부에서 강요된 활동이 아닌 온전한 나 자신을 찾아 모험을 떠나는 활동이다. 의식적, 일상적 자아 이면에 존재하는 또 다른 나를 만나는 활동이다. 니체는 하루의 3분의 2를 자신을 위해 쓰지 못하는 사람은 모두 노예라고 말했다. 이 말은 노동을 아예 하지 말라는 의미가 아니라, 자신만을 위한 내적 탐구의 시간을 가져야 함을 역설하는 것이다.

노동은 가치를 생산한다. 하지만 그 가치는 자신의 가치가 아니다. 타인의 가치다. 다시 말해 자기 자치를 생산하지 못하고 타인의 가치를 생산했다. 그것도 매우 근면 성실하게.

노동에 대한 거부는 태만, 게으름으로 보여지지만, 사실 반복되는 노동에 습관이 강하게 형성된 사람일수록 게으른 사람이다.

짐을 더 많이 짊어지는 것이 기쁨이라고 말하는 낙타의 긍정은 사실 삶에 대한 부정이며 게으름이다.

노동을 하지 않을 수 없게 내몰린 처지이면서 노동하는 것이 마치 자신의 자율적인 선택의 결과물인양 떠드는 것을 니체는 '환각'이라고 말했다.(일종의 정신승리)

우리는 노예제도를 야만적이고 부끄러운 것으로 취급하면서도 사실상 '임금 노예'에 불과한 자신의 모습을 인정하고 싶지 않아 노동을 신성시하고 대단한 존엄성을 가져다 붙이는 일을 하는 것이다. 우리가 과거의 노예들과 다른 점이 있다면 바로 '허영심'이다.

물론 노동 자체를 부정하는 것은 아니다. 금수저가 아닌 이상 노동 없이 우리는 최소한의 생존도 보장받을 수 없다. 이것이 현실이다.

하지만 노동이 불가피하다는 것과 그것을 찬양하는 것은 전혀 다른 일이다.

노동은 자기를 창조하는 활동에 의해서만 극복될 수 있다.

물론 노동에 종사하던 사람이 하루 이틀 사이에 스스로의 가치를 창조해서 자립을 꾀할 수는 없을 것이다. 하지만 이에 대해 차라투스트라는 가치 창조의 전쟁에서 승리자가 되지 못할지언정 최소한 전사는 되어야 하지 않겠느냐고 말한다. 우리는 현실적 한계에도 불구하고 자기 창조를 위한 전쟁에 나서야 하는 것이다.

이 책은 니체의 철학을 다루고 있지만, 니체의 말을 너무 액면 그대로 받아들이면 극단적으로 되기가 쉽다. 니체의 말은 때로는 희석해서 받아들여야 할 정도로 너무 강하고 독하다.

니체가 하루의 3분의 2를 자신을 위해 쓰지 못하는 사람을 노예라고 한 것은 노동 자체를 부정하는 것이 아니다. 그는 하루 전체를 자신을 위해 쓰지 못하는 사람들을 노예라고 하지 않았다. 자신을 위한 진정한 자유의 시간을 확보할 것을 강조하는 것이다, 현실속의 대부분의 사람들은 노동없이 최소한의 생존도 보장받을 수 없다. 이것이 현실이다. 하지만 노동이 불가피하다는 것과 그것을 맹목적으로 찬양하는 것은 전혀 다른 일이다.

필자는 현실적 생계수단을 보유하면서 독창성을 추구할 수단을 강구할 것을 추천한다.

생계에 쫓기는 사람은 자기 내면과 세상의 본질에 관해 탐구할 여유가 없다. 당장 눈앞에 펼쳐지는 일들을 해결하지 않고서는 생존이 불가능하기 때문이다.

현실세계에 몸을 담고 있으면서도 그 현실을 한발자국 물러나 직시하기 위해서는 물질적 여유가 있어야 한다. 그 물질적 여유는 대개 노동에서 나온다. 물질적 여유와 정신적 여유는 서로 상반되는 관계가 아니다. 일정 수준 이상의 물질적 여유가 보장되지 않으면 정신적 여유가 줄어들고 사유의 폭도 좁아지기 마련이다.

애초에 자신의 독창성이 존중될 수 있는 직업을 갖는 것이 최선이겠지만 그렇지 못할 경우엔 퇴근 후 다른 창조적인 과업에 종사함으로써 억압된 내면을 해소하고 자유를 되찾아야 한다.

6장 유희하는 인간

1.
망각의 지혜

망각이 없다면, 행복도, 명랑함도, 희망도, 자부심도, 현재도 있을 수 없다.
이런 저지 장치가 파손되거나 기능이 멈춘 인간은 소화불량 환자에 비유할 수 있다.
이런 망각이 필요한 동물에게 망각이란 하나의 힘, 강건한 건강의 한 형식을 나타내지만, 이 동물은 이제 그 반대능력, 즉 망각을 제거하는 기억을 길렀던 것이다.

〈도덕의 계보학〉

많은 것을 보려면 자기 자신을 놓아버릴 줄 알아야 한다.
산을 오르는 모든 사람들에게는 이러한 혹독함이 필요하다.
인식하는 자로서 눈에 보이는 것에 지나치게 집착한다면, 어떻게 만사에 있어서 겉으로 드러난 근거 이상의 것을 볼 수 있을 터인가?

〈차라투스트라는 이렇게 말했다〉

여기서 망각은 단순히 무엇인가를 잊어버린다는 부정적 의미가 아니다.

망각은 창조를 위한 하나의 과정이다. 하나를 지움으로써 수백 수천 가지의 것을 얻는 과정이다. 동양의 철학자 노자 역시 "버리면 만사는 저절로 풀리게 마련이다. 버리는 자가 세상을 얻는다."라고 하였다.

새로운 음식을 먹기 위해 우리는 위를 비워야 한다.

먹었던 것을 제때 배설하지 못하면 그것은 우리의 건강에 큰 위협이 될 것이다.

육체가 아닌 정신도 마찬가지다. 우리의 정신이 과거의 기억들로 가득 차 있다면, 우리는 새로운 것들을 받아들일 수 없게 된다. 과거의 기억에 집착하는 사람들은 낯선 것을 불편해한다. 새로운 것을 보고도 기존의 것과의 동일성에 더 집착하게 된다.(물론 니체가 인간의 기억능력 자체를 비판한 것은 아니다. 음식이 섭취되자마자 배설되면 영양분을 흡수할 수 없듯이 말이다.)

지식과 경험이 많아지면 머릿속에 관성적 사고가 생기기 쉽고 이 때문에 새로운 사실을 접해도 사고가 고유의 경도로만 전개되는 것이다.(오히려 이러한 경향은 지식인이나 전문가들에게서 나타나기 쉽다. 머릿속에 특정 분야에 대한 지식과 신념이 견고하게 구조화되어있기 때문이다.) 확증편향, 관성적 사고는 사람의 사고를 잘못된 방향으로 이끌어 일상생활, 사업, 학업 등에 부정적인 영향을 줄 수 있다.

우리는 생활 속에서 지식만 쌓을 것이 아니라 상상력을 활용하여 그 관성적 사고의 틀을 벗어나고자 노력해야 한다. 성공한 사람들은 모두 자신의 관성적 사고를 극복한 고수다.

니체에게 있어 망각은 우리의 본질인 '권력에의 의지'를 긍정하는 하나의 계기다. 기존의 것을 망각해야만 인간은 새로운 가치를 창조할 수 있기 때문이다.

진정한 망각은 잊어야 할 부분과 기억 속에 담아야 할 부분을 구분하는 것이며, 그러한 취사선택은 거의 무의식 상태에서 일어난다. 망각은 이성적 능력의 부재상태가 아니다. 오히려 건강한 삶을 가능케 하는 힘이다. 정신을 병들게 하는 나쁜 기억을 잊어버릴 때, 우리는 새로운 길을 모색할 수 있다. 니체는 망각하는 어린 아이의 단계에 이르러야 인간은 자신의 세계를 획득할 수 있다고 역설했다.

니체가 말한 능동적 망각은 인식하는 자로서의 의식적 자아를 내려놓고 무아의 경지에 들어가는 명상과 비슷하다.

우리는 어떤 정보나 지식을 보자마자 판단을 내려서는 안 된다.

과거의 기억으로 형성된 편견이나 분노, 원한 등의 부정적 감정으로 계획을 성급하게 세워서도 안 된다.

성급한 마음을 추스르고 문제를 해결할 여유를 넉넉히 가질 것을 권한다.

그전까지의 경솔한 해결책은 상황을 더욱 악화시킬 뿐이다.

우리가 마주하는 문제는 그 특성과 영역에 따라 해결하는 데 10초가 걸릴 수도 있고, 10일이 걸릴 수도 있다.

우리는 문제를 마주하면 우리의 시선은 특정한 방향을 향한다. 텍스트가 빽빽하게 적혀있는 A4용지나, 책의 밑줄 친 부분을 뚫어지게 쳐다본다. 하지만 우리가 큰 이성인 직관을 활용할 때는 육안은 그리 도움이 되지 않는다. 오히려 당신 마음의 눈, 즉 느낌이 더 중요하다.

눈을 감아라. 명상을 통해 당신 내면의 목소리를 들어보자. 명상이란 그저 눈을 감고 아무 생각도 하지 않는 것이 아니다. 고의로 좋은 생각만 떠올리는 것도 아니다. 명상은 생각 자체에 집중하는 것이 아니라 생각의 관찰자가 되는 행위다. 자기 생각을 제3자의 관찰자 시점에서 바라보는 것이다. 단지, 고요함 속에서 자신의 내면에 무엇이 나타나는지를 보고 그 생각을 부드럽게 바라보는 것이다. 명상은 당신이 과잉된 자의식에서 벗어나 조급함, 분노, 원한 등의 부정적 감정을 망각하고 사태를 바로 볼 수 있도록 도움을 줄 것이다.

이 명상이라는 것을 잘 활용한 인물로는 스티브 잡스가 있다. 잡스가 젊은 시절부터 명상을 해왔다는 사실은 꽤 유명하다. 우리는 스티브 잡스를 항상 성공 가도만 달린 혁신가로 기억하지만, 그는 사실 자의식이 강하고 독단적인 나르시시스트로, 천재성에도 불구하고 여러 차례 오판을 한 경력이 있는 인물이다. 하지만 명상을 통해 영감과 직관력을 극대화했던 잡스는 그러한 자기 자신을 극복하고 아이팟, 아이폰 등 세상이 놀랄만한 제품들을 선보였다. 이렇듯 명상은 세상에 속해있되, 세상에서 한 발짝 물러서서 보는 것이다. 의식적 자아를 내려놓아라. 그러면 세상과 자기 자신이 더 온전하게 보이게 된다.

망각은 기존의 자의식을 버리고 새로운 사태와 소통하는 것이기도 하다.

우리는 망각이라는 개념이 주는 부정적인 뉘앙스를 극복해야 한다. 망각은 우리를 새로운 세계로 안내하며, 우리가 새로운 주체로 변신될 수 있는 기회를 준다. 모든 것을 잊어야만 모든 것과 연결될 수 있기 때문이다. 기존의 정보와 자의식에 집착하면 우리는 과거에 발목이 잡혀 앞으로 나아갈 수 없게 된다. 망각은 지난 일을 뒤로하고 우리를 새로운 출발선에 서게 한다.

2.
확신은 진리의 적이다.

철학을 가진다고 함은 어느 정도 굳어진 견해를 갖는 것을 의미한다. 그러나 그것은 당신의 사고를 획일적으로 만들 수 있다. 그런 철학을 갖기 보다는 때때마다 인생이 들려주는 속삭임에 귀를 기울여보라. 그 편이 일이나 생활의 본질을 명료하게 직시하는 데 도움이 될 것이다.
철학이란 바로 이런 것이다.

〈인간적인 너무나 인간적인〉

대부분의 사람은 사물이나 상황 그 자체를 보지 않는다.
그것에 사로잡힌 자신의 생각이나 집착, 고집, 그 상황에 대한 자신의 감정 또는 머릿속에 멋대로 떠올린 상상을 본다. 결국 자신을 이용하여 사물이나 상황 자체를 감추고 있다.

〈아침놀〉

신념이 있는 사람은 겉보기에 위대해보이지만, 그 사람은 자신의 과거 속의 생각에 갇혀있을 뿐, 그 시점부터 정신이 멈춰버린 인간에 지나지 않는다. 결국 정신적 나태가 신념을 만들어 내는 셈이다. 아무리 합당한 의견이나 주장도 시대의 변화 속에서 끊임없이 신진대사를 반복해야 한다.

〈인간적인 너무나 인간적인〉

신념은 때로 강력한 추진력을 발휘하기도 하지만 학습이나 창조활동에 있어 독이 되기도 한다. 무엇인가를 확신하기 시작하면 사고의 폭이 좁아지고 탐구정신은 위축되기 시작한다. 신념은 종종 상상력과 혁신의 가능성을 가로막는 걸림돌이 된다.

이 점에서 니체는 진리의 가장 큰 적은 거짓말보다 오히려 확신일 수 있다고 하였다.

심리학에는 '확증편향'이라는 개념이 있는데, 확증 편향은 자신의 신념과 일치하는 정보는 받아들이지만, 신념과 일치하지 않는 정보는 무시하는 경향을 말한다. 논리학에서는 확증편향을 '불완전 증거의 오류'나 '체리피킹'이라고 하는데, 확증편향은 실로 강력하다. 투자의 귀재 워런 버핏은 "사람들이 가장 잘하는 것은 기존 견해가 온전하게 유지되도록 새로운 정보를 걸러내는 일이다."라 말하기도 했다.

우리가 사는 현실 세계는 정보가 넘쳐나고 불분명한 것 투성인데, 인간은 언제나 자기 신념에 부합하는 정보만을 귀신같이 찾아서 흡입한다.

우리는 흔히 자신만의 신념을 세우고 강하게 밀고 나가는 사람을 위대하게 여기곤 하지만 신념을 가진 주체들이 더 쉽게 독단에 빠지고 자신이 세운 신념을 고수하기 위해 스스로 신념의 노예가 되어버리는 경우가 허다하다. '권력(힘)에의 의지'는 숭배의 대상에 압제 되지 않으면서 자신이 원하는걸 추구할 수 있는 힘을 가리킨다. 따라서 자신의 이상이나 신념에 종속된 나머지 자신의 주체성을 상실한 사람은 진정한 의미에서 권력을 추구하는 사람이라고 볼 수 없다. 오히려 그들은 이상과 신념의 노예에 불과할 뿐이다. 안절부절못한 것은 스스로 설 수 있는 능력의 부재를 말해준다. 스스로 설 수 없기에, 독단적인 신념을 만들고 그것에 의존하여 삶의 무게를 지탱하는 것이다. 이는 자기 자신을 신념의 수단으로 전락시키는 행위다.

종교적 신념, 즉 신앙심도 마찬가지다.
종교에 의탁하는 것은 정신적으로 많은 이로움을 줄 수 있다. 하지만 지나친 신앙심은 자기 자신은 물론 타인까지 경멸하게 만든다. 맹목적인 신앙심은 자기 소멸을 최고의 덕이자 최고의 명예로 취급하기 때문이다. 종교적 확신을 위해 자신을 철저하게 희생하게 만드는 것이다. 더 나아가 자신의 독단적 확신 앞에 타인까지 희생물로 만들고자 한다.

자신의 종교적 신념과 신의 이름으로 모든 것이 용인된다. 신념이 매몰된 사람들은 그것이 종교적인 신념이든 정치적인 신념이든 하나의 거대한 집단을 형성하여 집단적 순응형태의 악행을 저지르는 경우가 많다. 인류의 역사를 되돌아보면 전쟁과 마녀사냥도 전부 자신만 옳다는 독단적 신념을 가진 사람들에 의해 일어난 것이다.

그래서 우리는 신념을 갖되 그것에 종속되어서는 안 될 것이다.

니체가 말하는 초인(超人)의 특징은 불신이 강하다는 것이다. 초인(超人)은 신념에 종속되지 않는다. 회의와 인습 타파에서 출발한다. 신념은 진리의 표상일 뿐 결코 진리가 아니다. 니체는 모든 종류의 확신으로부터 해방되어, 자유롭게 보고 사유할 수 있는 능력이 정신의 강함이라고 말한다.

3.
힘을 빼라

자신이 가진 힘의 4분의 3 정도만 발휘하여 작품을 완성하는 것이 가장 아름다운 결과를 가져온다. 심각하게 완성한 것은 보는 이로 하여금 왠지 고통스럽고 부자연스러운 인상을 일으키기 때문이다. 4분의 3 정도의 힘으로 완성한 작품이 여유롭고 쾌적한 인상을 주며, 결국 많은 사람들이 쉽게 받아들일 수 있게 된다.

〈인간적인 너무나 인간적인〉

나는 위대한 과제를 다루는 방법으로 놀이보다 좋은 것은 없다고 생각한다.

〈이 사람을 보라〉

자신의 고조된 감정을 작품에 발산하여 홀가분해하지 않고, 오히려 팽창된 감정을 타인에게 전달하는 예술가는 지나치게 허식을 부리는 자다. 따라서 그의 문체는 과장된 문체다.

〈아침놀〉

권력(힘)에의 의지를 추구한다고 해서 온몸에 힘이 잔뜩 들어가 있으면 곤란하다.

무슨 일이든 너무 진지하게 달려들면 부담이 생기고, 부담은 자유로운 사고를 경직되게 만든다. 그래서 본래의 능력이 제대로 발휘되지 못한다.

물론, 적당한 부담감은 추진력을 만들어내기도 하지만 지나칠 경우 더 나쁜 결과를 가져온다는 것이다. 니체는 이 문제를 다루면서 '진리'를 '여자'에 비유한 바 있다.

여자는 자신에게 즐겁고 유쾌하게 다가오는 남자를 좋아하지 자신을 너무나 진지하고 심각하게 생각하는 남자는 싫어한다는 것이다.

이런 면에서 '진리'라는 것이 '여자'와 같다는 것이다.
철학자들은 진리를 추구하는 사람들이다. 두꺼운 책을 책상 위에 잔뜩 쌓아놓고 아주 심각하게 진리를 붙잡으려 애쓰지만, 진리가 여자라면 이런 철학자들을 매우 싫어할 것이라는 게 니체의 생각이다. 그래서 니체는 철학자들이 철학을 할 때는 가볍게 노는 마음으로 해야 한다고 주장했다.

예술적 표현에 있어서도 힘을 빼는 것이 매우 중요하다.
대중의 시선을 너무 의식한 나머지 잘해야 한다는 생각이 머릿속을 점령하게 되면, 노래 부르는 목소리가 이상해지고, 몸의 움직임과 표정도, 글도 이상해진다. 표현이 상당히 부자연스러워져 그것을 받아들이는 사람들로 하여금 불편한 감정을 일으킨다.

진정한 고수는 자기 자신을 내려놓는 상태에서 예술적 기량을 발휘한다. 이러한 예술작품들은 지극히 자연스럽고 편안하게 사람들의 마음속 깊이 스며든다.

우리는 마음을 비워야 한다.
반드시 성공하겠다는 생각 자체를 극복해야 한다. 집착은 부담감을 가져오고 그 부담감은 무거운 돌덩이가 되어 당신의 날개를 짓누른다.

특히 창의성을 발휘하는 일이 그렇다. 단순 암기는 기분이 언짢아도 인내하고 꾸역꾸역 지식을 삼키면 목표한 학습결과에 도달할 수 있지만, 창의성은 자유로운 상태에서만 나온다. 창의적인 아이디어는 자율성, 여유, 즐거움이 전제되어야만 떠오를 수 있다. 죽도록 집착하면 시간 대비 얻는 것이 별로 없다. 사람은 자기를 내려놓을 수 있어야 한다. 자기를 내려놓는 자만이 자기를 극복할 수 있다. 여유롭고 편해야 한다. 니체가 말한 '어린아이'처럼 유희하는 존재가 되어야 한다.

여유로운 사람만이 증오심과 분노 등 편협한 시각에서 벗어나 수백 개의 눈으로 이 세상을 좀 더 넓은 시각으로 바라볼 수 있다.

니체는 말하였다. '나는 춤출 줄 아는 신만을 믿는다.'라고.

여기서 춤출 줄 아는 신은 어떤 신을 의미하는가? 니체가 그토록 비판했던 기독교적 신을 의미하는 것일까? 춤출 줄 아는 신은 바로 디오니소스를 가리킨다. 술과 광기 그리고 축제의 신인 디오니소스는 춤을 출 줄 아는 신이다. 그렇다면 여기서 춤을 춘다는 것은 또 무엇을 의미하는가?

우리가 삶을 긍정하기 위해서는 춤을 출 줄 알아야 한다.

니체의 철학에서 중력을 이겨내며 춤을 춘다는 것은 일종의 상징이다. 춤은 중력에 저항하는 대표적인 몸의 예술이다. 우리를 짓누르는 삶의 무게, 우리를 억압하는 관습과 규칙은 바로 중력이다. 우리는 이러한 중력을 극복하고 삶을 가볍게 만들어야 한다. 즉, 춤을 추듯이 삶을 살아가라는 말이다. 우리는 삶에 대해 진지한 자세를 지녀야 하지만 그렇다고 너무 무거운 마음을 가져서도 안 된다. 머릿속으로 심각한 생각을 하면서 아름답게 춤출 수 있는 사람은 없다.

춤을 추기 위해서는 먼저 몸이 가벼워져야 한다. 무거운 책가방을 등에 짊어지고 춤을 춰보아라. 우리는 과연 하늘로 날아오르는 듯한 동작을 취할 수 있을까? 낙타처럼 등에 짊어진 짐이 많으면 많을수록 중력의 힘에 억눌려 결국 고꾸라지고 말 것이다. 춤을 추기 위해서 우리는 짐을 내려놓고 신체를 가볍게 만들어야 한다.

4.
몸을 인정하고 사랑하라

감각과 정신은 도구이자 장난감에 지나지 않는다.
감각과 정신의 뒤에는 '자기'가 있다.
자기는 감각의 눈으로 찾고 정신의 귀로 듣는다.
자기는 언제나 듣고 있으며 언제나 찾는다.
그것은 비교하고 강요하고 정복하고 파괴한다.
그것은 지배하며 또한 자아의 지배자이기도 하다.
그대의 사상과 감정의 배후에는, 형제여, 강력한 명령자, 알려지지 않은 현자가 있으니,
그 이름이 '자기(참나)'다.
그것은 그대의 신체 속에 살고 있고, 그것은 바로 그대의 신체이다.
그대의 신체에는 그대의 최고의 지혜 속에 있는 것보다 더 많은 이성이 들어 있다.

〈차라투스트라는 이렇게 말했다〉

서구의 전통에서 육체는 정신에 비해 늘 찬밥신세였다.

정신이야 말로 인간의 본질이며 진정한 '나'라고 믿었던 것이다. 육체는 단지, 불완전한 감각기관에 지나지 않았다. 정신이 오류를 범하면 사람들은 그 원인을 육체의 불완전성에서 찾고는 했다. 불완전한 감각기관인 육체가 잘못된 감각 정보를 정신에 전달했기 때문에 정신이 오류를 범했다는 것이다. 그래서 서구에서는 철저히 인간을 정신과 육체로 구분하고 전자에는 불멸성과 완전성의 지위를 후자에는 흙으로 돌아갈 불완전성의 지위를 부여하고 후자를 극복의 대상으로만 보았다. 이를 더욱 심화시킨 철학자는 데카르트다. 그는 인간의 육체를 정밀한 기계로 보았다. 다시 말해 정신과 분리된 육체는 그 자체로 고깃덩어리에 지나지 않는 것이다. 이 데카르트의 영향을 받은 철학자들은 감각으로부터 철저히 분리된 순수인식으로 나아가 진리를 구하고자 했다.

하지만 니체는 인간 삶의 고양을 위해 이성 중심적인 사고방식을 거부하고 그동안 상대적으로 경시되었던 인간의 육체에 주목했다. 이성 중심적 형이상학에서는 육체가 이성적 활동을 방해한다고 본 것과 달리 니체는 자연의 활력이 분명하게 발현되는 육체를 중요시한 것이다.

육체를 중시한 니체의 사상이 과학적으로도 전혀 터무니없는 것은 아니다. 2007년 독일의 막스 플랑크 연구소의 뇌과학자 존-데일란 하인즈(John-Dylan Haynes) 교수 연구팀은 한 가지 재미있는 실험을 진행했다. 피험자들을 알파벳이 무작위로 나타나는 스크린 화면 앞에 앉혀놓고, 알파벳이 나타나면 왼쪽 버튼과 오른쪽 버튼 중 어느 것을 누를지 결정하고 누르게 한 실험이다.

실험 결과는 놀라웠다. 피험자가 버튼을 누르기로 결정하기 최대 10초 전에, 의사결정에 관여하는 피험자의 뇌 부위의 반응을 통해 결국 어떠한 버튼을 누르게 될지를 어느 정도 예측할 수 있었던 것이다. 비록, 이 실험에서의 예측률은 60% 정도로 그렇게 높지는 않았지만, 차후 전극을 환자의 뇌에 직접 이식하는 방법을 동원하여 예측률이 80%에 달하는 실험도 등장했다.

실험에는 분명 논란의 여지도 존재하지만, 이 실험들의 결과를 다음과 같이 요약할 수 있다.

"이미 결정된 판단을 우리 의식이 나중에 받아들인다"

쉽게 말해 뇌에서 활동이 일어나는 순간은 사람들이 뭔가를 결정 내렸다고 자각하는 시점보다 시간상 앞서있다는 것이다. 우리는 의식적으로 무엇인가를 결정했다고 믿지만, 사실 결정은 무의식적으로 일어나고 그 결정의 부산물을 의식이 나중에 합리화 하는 것이다.

우리는 매력적인 이성을 보면 정신적으로 흥분하여 몸을 가누지 못 한다.

눈동자가 커지고 심장이 마구 요동을 친다. 그러나 우리는 그 이성을 좋아하는 이유를 성격이 좋아서라거나 쇄골이 아름다워서 또는 목소리가 멋지고 아름다워서라고 말한다. 우리는 정말 의식에 따라 행동할까? 니체에 따르면 '행동은 의식에 의해 생겨났다'라는 주장은 단지 믿어진 것일 뿐 증명된 것이 아니다. 니체는 〈권력에의 의지〉에서 정신을 믿는 것보다 차라리 가장 원초적인 존재인 몸을 믿는 편이 더 낫다고 말한다. 우리의 이성은 이미 반응한 육체에 대해 사후적으로 그럴싸한 이유를 만들어, 가져다 붙이고 변명할 뿐이다.

니체는 '신체'로서의 인간에게 육체의 활동이 전제되지 않으면 이성적 활동도 역시 불가능하다고 말하면서 육체의 중요성을 언급한다. 그러나 이런 니체의 관점이 곧 이성의 부정을 의미하는 것은 아니다. 니체는 '신체'라는 개념을 제시하여 이성과 육체를 통합적으로 규정한다. '신체'는 단지 육체적 활동에만 국한된 개념이 아니라 이성적 활동까지 통합된 더 큰 개념인 것이다.

우리의 삶에 자연의 활력이 분명하게 발휘되기 위해서 먼저 육체를 인정해야 한다. 몸을 인정한다는 것은 단순히 육체적 외피만을 인정한다는 의미가 아니다. 내 몸 안에서 일어나는 모든 충동과 움직임을 인정한다는 것이다.

우리가 처음 춤을 배울 때 동작이 부자연스럽고 스탭이 꼬이는 이유도 몸이 아닌 머리로 춤을 추려고 하기 때문이다. 생각에 의존할수록 동작은 더욱 부자연스러워질 뿐이다. 몸이 움직이는 대로 따라가야 가장 자연스럽고 아름다운 춤을 출 수 있다. 몸이 생각보다 먼저 움직여야 한다. 이것이 몸을 인정하는 것이고, 받아들이는 것이다. 오직 이 상태에서만 우리는 멋진 춤을 출 수 있다. 현대 무용가들은 자신의 몸을 철저히 인정하고 사랑한다. 그리고 앞서 설명했듯이 춤을 춘다는 것은 니체의 철학에서 삶에 대한 긍정과 고양을 상징한다.

7장

네 운명을 사랑하라

1.
아모르 파티(Amor fati)

> 나는 삶의 가장 낯설고 가장 가혹한 문제에 직면해서도 삶 자체를 긍정한다. 자신의 최상의 모습을 희생시키면서 자신의 고유한 무한성에 환희를 느끼는 삶에의 의지. 이것을 디오니소스적이라 부른다.
>
> 〈이 사람을 보라〉

니체는 인간이 운명을 대하는 태도를 크게 세 가지로 구분했다.

하나는 인간이 자신의 의지로 모든 것을 이룰 수 있다고 보는 태도다. 인간은 자신의 의지로 운명도 결정지을 수 있다는 것이다. 이는 일종의 자유의지의 철학으로 얼핏 보기에는 힘차고 주체적으로 보이기 때문에 니체의 철학과 유사해 보인다. 하지만 극단적인 자유의지의 철학을 니체는 단죄의 철학으로 불렀다. 인간이 자신의 운명을 결정지을 수 있다는 자유의지의 철학은 힘차고 희망적으로 보이지만 그것은 곧 실패에 대한 용서가 없음을 의미한다. 하지만 초인(超人)은 앞서 살펴보았듯이 성공을 전제하지 않는다. 초인(超人)과 말인(末人)을 구분하는 기준은 삶을 대하는 실존양식에 있는 것이다.

다른 하나는 숙명론이다. 숙명론에 따르면 인간의 운명은 애초부터 정해져 있으므로 인간은 무기력한 존재에 불과하다. 숙명론적 태도는 일종의 패배주의로서 자신의 모든 불행을 운명의 탓으로 돌리기 쉽다.

마지막으로는 운명을 긍정하고 사랑하는 태도다. 이것이 니체가 말한 운명애, 즉 아모르 파티(Amor fati)다. 니체가 볼 때 운명을 사랑한다는 것은 운명을 거부하는 것도 맹목적으로 순종하는 것도 아니다. 운명을 사랑한다 함은 운명을 아름답게 조각하는 것이다. 물론 그 창조의 과정에는 고통이 동반되겠지만 말이다.

니체의 운명애는 삶이 만족스럽지 않거나
힘들더라도 자신의 운명을 받아들여야 한다는 개념이다.
고난과 어려움 등에 굴복하거나 체념하는 것 같은 정신승리, 즉 수동적인 삶의 태도를 의미하지 않는다. 니체가 말하는 아모르 파티(Amor fati), 즉 운명애는 자신의 삶에서 일어나는 어려움조차 받아들이는 적극적 방식의 삶의 태도를 의미한다. 즉 부정적인 것을 긍정적인 가치로 전환하여 자신의 삶을 긍정하고, 그에 대한 책임을 지는 것이다.

다만 여기서 주의할 점은 부정적인 것을 긍정적인 가치로 전환한다는 것이 세상에 대한 증오심이나 원한 감정을 발전의 연료로 삼는 것이 아니라는 점이다.

원한 감정은 자기 발전의 계기로 활용될 수 있지만 잘못된 목표 설정으로 나아가기 쉽다. 누구나 자기 자신에 대한 과도한 평가와는 달리 자신이 부족하다고 말하는 세상에 대해 원한 감정을 갖기 마련인데, 이것은 르쌍띠망의 싹을 키우는 것과 같아서는 종국에는 당신을 나락으로 떨어지게 할 수 있다.

증오와 원한의 감정은 한순간에 폭발적인 힘으로 전환되기도 하지만 너무나 소모적이고 자기 파괴적인 방법이다. 분노와 증오의 감정에 의존하는 사람은 그 감정이 사라지는 순간 모든 힘을 잃어버리게 된다. 강력한 복수심으로 그 에너지를 유지한다고 해도 부정적인 감정이 지나치면 정신과 육체를 상하게 하고 결국엔 강렬한 파열음과 함께 대형사고로 이어질 것이다.

초인(超人)은 부질없는 원한감정인 르쌍띠망(ressentiment)에 휘둘리는 사람이 아니라 자신이 진정으로 동경하는 것을 향해 희망의 화살을 쏘는 사람이다.

2.
운명애는 숙명론적 정신 승리가 아니다.

현재의 세상과 자기 자신을 혐오한 나머지 세상에 존재하지 않는 것을 망상하여 현실을 도피해놓고는, 스스로 현세를 초월했다고 믿는 행동을 하지 말라. 모든 것은 이 세상에 뿌리를 내리고 있다. 종교든, 예술이든 마찬가지다.

당신도 다르지 않다.

〈철학자의 서〉

요즘 에세이를 보면 노예도덕을 설파하는 책들이 많다.

만약 니체가 환생하여 한국에서 잘 팔린다는 에세이 책들을 보면 다음과 같은 반응을 보일 것이다.

"노예의 도덕을 설파하는 책들이다.", "권력에의 의지를 축소시키고 현실을 외면하게 만드는 책들이다."

당장 밖으로 나가 가까운 서점에 가보라. 그것도 귀찮으면 온라인 서점에서 베스트셀러 목록에 올라와있는 에세이들을 살펴보아라. 여러분은 에세이 코너에 진열된 책들을 보면 어떠한 생각이 드는가?

사실, 요즘 잘 팔린다는 에세이들을 보면 하는 말이 모두 엇비슷하다.

"너는 이미 눈부시게 아름답다."

"너무 열심히 살지마라."

"너는 잘못이 없다. 모든 잘못은 세상에 있다."

"당신을 위로하는 사람이 진정한 친구다"

"모든 현실을 잊고 눈을 감아보아요!"

사실 이러한 감성팔이용 책들은 현실세계에서 '권력에의 의지'를 추구하던 중 자신의 의지를 관철시키지 못하고 실패한 사람들, 시도조차 할 용기가 없는 사람들이 즐겨본다.(물론 각박한 세상에서 잠깐의 힐링과 위로가 필요한 사람들은 예외)

그만큼 이러한 책들이 베스트 셀러가 되었다는 것은 우리 사회에 '권력에의 의지'가 꺾이고 좌절된 사람들이 많아졌다는 증거다.

권력에의 의지를 추구하다 좌초된 사람들의 심리를 잘 이용한 작가들의 작품이 베스트 셀러에 진입한 경우가 많다. 더욱 심각한 것은 너 자신의 운명을 사랑하라는 니체의 '아모르 파티(Amor fati)'를 현 상태에 만족하며, 삶의 어려움에 체념하라는 숙명론적 정신승리의 논리로 왜곡하는 작가들까지 나오고 있다는 점이다. 이들은 '노예의 도덕'을 설파하여 사람들이 초인(超人)이 되는 것을 포기시킨다.

이들이 내세우는 논리는 이솝우화에 등장하는 신포도 이론을 연상시킨다.

여우는 저 위에 보이는 포도를 먹기 위해 안간힘을 다 쓰지만, 결국 손이 닿지 못해서 좌절하고 만다. 포도를 먹지 못한 여우는 자신의 욕망이 좌절된 것에 대해 원한, 질투, 분노, 피해의식, 열등감을 갖게 되는데, 니체는 이를 르쌍띠망(ressentiment)라고 불렀다. 르쌍띠망(ressentiment)를 갖는 인간은 그것을 해소하기 위해 정신승리의 길로 나아가기 쉽다. 저 위에 달린 포도가 실은 시고 맛이 없는 포도일 것이라고 자위하는 것이다.

요즘의 에세이들은 자신의 욕망을 추구하는 데 초연할 것을 권장한다. 저 위에 닿지 않는 포도가 사실은 시고 맛이 없을 것이라는 논리를 펼치는 것이다.

대중들이 르쌍띠망(ressentiment)의 냄새가 풍기는 책들을 많이 본다는 것은 그만큼 우리 사회에 분노와 무기력함, 좌절감, 열등감을 가진 사람들이 넘쳐난다는 방증이다. 부자나 권력자들을 무조건 비양심적인 사람으로 전제하고 그들에게 (자신들도 결코 지키지도 못할) 엄격한 도덕적 잣대를 들이대며 도덕적 우월감을 확보하는 세태가 짙어지고 있다. 이들은 도덕과 상식을 외치지만 그 내면에 깃들어 있는 것은 르쌍띠망(ressentiment)이다. 권력에의 의지가 좌절된 사람들은 내면에 분노와 원한의 감정을 키운다. 그리고 그것을 도덕적 명분으로 포장해서 휘두른다.

(물론, 사회적으로 힘 있는 사람들이 정말로 비양심적인 행위를 해서, 범죄를 저질러서 지탄을 받는 것이라면 비난받아 마땅하다.)

여러분들은 이러한 책들을 읽고 얼마나 삶에서 큰 만족감을 얻었는가?

정말 행복해졌는가?

감성팔이용 책들은 잠시 짧은 기간만 평안을 가져다줄 수 있다. 원래 치열하게 삶을 살던 사람이 잠깐의 힐링이 필요해서 이러한 책을 보고 있다면 차라리 권장할 만한 일이지만, 사실 알고 보면 애초에 현실을 외면하고 적당히 살던 사람들이 힐링을 부르짖고 있었음을 알 수 있다.

현실은 언제까지고 회피할 수 없다. 여러분이 눈을 감고 회피한다고 해도 해결될 수 있는 것은 아무것도 없다. 오히려 현실에서 도피한 결과로 냉정한 현실로 다시 나아가는 것이 더욱 두렵고 힘들어질 뿐이다.

실업난에 허덕이는 청춘들이 '너는 지금도 충분히 아름답다. 잘못은 이 세상에 있다.'와 같은 위로를 받았을 때 누릴 수 있는 힐링은 하루만 지나면 물거품이요, 환상에 불과하게 된다. 오히려 이미 아름다운 자신의 가치를 알아보지 못하는 세상에 대한 원한 감정만 깊어질 뿐이다. 그리고 그 끝은 언제나 '무력감'이다.

그리고 청년들에게 위로한답시고 좋은 말만 쏟아내는 사람들은 그편이 인기 상승과 수입에도 유리하다는 것을 잘 알고 있다. 이들은 하루하루를 힘겹게 살아가는 특정 개인들에게 전혀 관심이 없다. 단지 힘없는 개인들이 자신에게 이익이 될 만큼 충분히 모여 하나의 집단과 팬덤을 형성할 때, 그에 걸맞은 행위를 할 뿐이다.

결국 여러분은 직접 현실을 마주해야 한다.

사기를 당했어도, 실업난에 허덕여도, 사고로 신체 일부를 잃었어도 모든 책임은 여러분에게 있다. 왜냐하면, 여러분이 인생의 주인이기 때문이다.

사기를 당해서 손해를 입었다면, 잘못은 사기꾼에게 있지만, 긍정적인 에너지를 회복하고 인생을 다시 꾸려나갈 책임은 전적으로 당신에게 있는 것이다. 그 누구도 대신해 줄 수 없다.

3.

영원회귀, 현재의 삶이 영원히 되풀이되기를

어느 날 낮이라도 좋고 밤이라도 좋다. 혼자서 적막하게 있는데 한 악령이 슬며시 다가와 이렇게 속삭인다. "너는 현재의 삶을 그리고 지금까지 살아온 이 현실의 인생을 일획의 수정 없이 다시 한번, 아니 무한 반복해서 살아야 한다. 새로운 것이라고는 아무것도 없다. 일체의 고통, 일체의 환호, 일체의 사유와 신음, 네 생애 가운데 있었던 작고 큰 일체의 것들이 동일한 순서, 동일한 결과대로 너에게 되돌아온다."

현존의 모래시계는 영원히 회귀한다고 말한다면 너는 굴복하지 않고 분노한 나머지 그렇게 말한 악령을 저주하겠는가 아니면 "너는 신이다. 나는 너 이상으로 신다운 것을 보지 못하였다"라고 안도의 대답을 주겠는가?

〈차라투스트라는 이렇게 말했다〉

니체가 말하는 영원회귀에서는 내세를 인정하지 않는다. 지금 우리가 존재하는 현세에 주목한다. 이 세계는 신에 의해 창조된 것이 아니라 스스로 존재하고, 운동하며, 생성 소멸한다.

초인(超人)은 오직 현재의 삶, 순간의 생을 절대적 가치로 긍정할 뿐이다. 초인(超人)은 현실의 생을 너무나 사랑한 나머지 생의 모든 순간이 결코 소멸되지 않고 다시 회귀해서 영원히 되풀이되길 바란다.

물론 니체가 이 세계가 정말로 그렇게 돌아간다고 생각하는 것은 아니다. 이것은 일종의 사유실험이다.

마치 현재의 삶이 영원히 되풀이된다는 자세로 삶을 대해야 한다는 것이다.

내세를 상정하지 말고 현재가 무한 반복된다는 듯이 온 힘을 다해 삶을 살아야 한다는 가르침인 것이다. 그만큼 현실을 사랑하라는 이야기다. 영원히 되풀이된다고 해도 후회가 없을 만큼 우리는 성실하게, 최대한 멋지고 만족스럽게 살아야 한다. 이것이 바로 삶을 대하는 초인(超人)의 태도다.

초인(超人)에게 내세가 있다면 현실의 삶이 불만족스럽더라도 내세에서 더 만족스러운 삶을 기대하게 된다. 내세의 상정은 우리가 두 자리로 지탱하고 서 있는 현실 세계, 즉 '이 세계'에 대한 암묵적인 평가절하가 깃들어 있다. 그렇게 되면 우리는 현세의 삶을 소홀히 하게 된다. 권력에의 의지는 축소된다.

영원회귀란 허무주의의 가장 극단적 형태로서 인간을 궁극적 결단의 상황에 직면케 하는 최대의 무게를 갖는 사상이다.

여기서 아모르 파티(Amor fati), 즉 운명애가 나온다. 아무리 힘든 운명이라도 단순히 견디는 것을 넘어 사랑하는 일이다. 인생에 있어 변경을 요구하지 않을 만큼 충실히 사는 것.

운명애는 맹목적으로 순환하는 것 같은 삶의 과정을 자기 고양의 필연적 계기로 승화시킬 수 있는 삶의 태도를 말한다.

우리가 다시 살고 싶지 않은 삶을 살고 있다면, 최선을 다하지 못하고 있음이 분명하다. 하루하루를 무의미하고 무기력하게 보내는 사람은 자신의 삶이 무한 반복된다는 것에 대해 극도의 거부감을 넘어 두려움을 느낄 것이다.

그렇게 우리의 삶이 무한 반복된다고 상상했을 때, 우리가 삶을 어떻게 살아야 하는지가 자명해진다.

에필로그

히틀러 : 초인(超人)을 위시한 괴물

니체는 모든 고통을 비웃었다. 그의 철학은 고뇌, 고통, 불안, 우울을 회피의 대상이 아닌 고군분투하는 정신으로 승화시켰다.

초인(超人)은 위험을 무릅쓰고 투쟁하며 낡은 가치관을 무너뜨리고 새로운 삶의 기준을 세우며 인류를 이끌어 나가는 자다. 니체는 나약함을 경멸했다. 니체는 '권력에의 의지'야 말로 모든 생명의 근원이라 해석했다. 그의 초인(超人) 사상은 수많은 사상가, 정치가, 예술가에게 영향을 미쳤다. 하지만 자신만의 이상을 과도하게 추구한다는 것은 그 자체로 위험성을 내포하기도 한다. 항상 아름다운 결과만 가져오는 것은 아니기 때문이다. 자기 자신은 물론 이 세상을 파괴할 수도 있다. 실제로, 니체 사후 자신을 초인(超人)이라 주장하며, 니체의 이론을 악용한 사람들이 꽤나 등장했는데, 그 대표적인 케이스가 바로 히틀러다. 니체의 사상은 훗날 히틀러에 의해 완벽하게 왜곡되고 말았다.(심지어 니체의 여동생 엘리자베스는 히틀러에게 "니체가 말한 초인(超人)은 바로 당신을 염두해 둔 것"이라고 말하기까지 했다.) 히틀러는 니체를 존경하였고, 그의 작품을 통해 많은 영감을 얻었다. 그리고 그것을 범죄에 활용했다. 히틀러는 분명 천재였지만 사악한 천재였다.

히틀러는 니체의 이론을 나치즘의 선전 문구로 바꿔버렸다. 히틀러와 나치는 니체의 사상을 범죄에 악용하였다.

나치는 기존의 사회 법칙들과 도덕적 관습들을 모조리 타파하고, 자신들이 세운 게르만 문화와 게르만의 이상을 따르는 집단을 만들었다. 사회적 규범에 억압당하지 말고 당당하게 자신만의 삶과 자신만의 규범을 개척하라는 니체의 격려는 나치즘에 의해 대량학살과 차별주의, 엘리트주의를 긍정하는 선전 문구로 변해버렸다. 초인(超人)을 위시한 괴물이 탄생한 것이다.

젊은 시절부터 히틀러에게는 자신의 신념이 가장 중요했던 것 같다.

자신의 이상과 신념, 그것을 지켜내고자 독일의 기성 체제를 비롯해 귀족층, 장교 층 등 사회적 권위자들에게 도전했다. 그리고 각종 멸시와 투옥을 견뎌냈다. 그는 결국 독일에 자신만의 세계를 만드는 데 성공했다. 애초부터 사회의 모든 기존 가치는 히틀러의 강력한 신념 앞에서 무용지물에 불과했다. 그를 넘어설 수 있는 사람은 독일 내에 존재하지 않는다. 그의 모습은 니체가 말한 '초인(超人)'의 모습과 유사해 보인다.

하지만 니체가 '힘에의 의지', '주인 도덕', '초인(超人)' 등을 통해 엘리트주의를 표방한 것은 아니며, 히틀러와 나치가 자신들의 통치구조와 엘리트주의를 합리화하기 위해 니체의 사상을 악용했다고 봐야 한다. 니체가 역설한 'Wille Zur Macht'을 '권력에의 의지'가 아닌 '힘에의 의지'로 번역해야 한다고 주장하는 견해도 이런 이유에서 나온 것이다.

니체가 말하는 힘은 소위 사회적인 체계가 만들고 제공하는 산물을 말하는 것은 아니다. 즉, 그 힘은 사회에서 자본이나 권력을 추구하여 얻는 것과 차이가 있다. 오히려 사회체계나 그것이 제공하는 것들을 부정하고 끊임없는 생성과 소멸을 추구하라는 말에 가까울 것이다.

1889년 니체가 완전히 미쳐서 정신 회복 불능 상태가 되자 유대인 혐오주의자였던 그의 여동생 엘리자베스가 니체의 메모를 모아 자기 입맛대로 편집하여 세상에 내놓았던 것도 문제다. 이는 동생 엘리자베스가 해석한 니체였지, 결코 니체 자신의 사상은 아니었다. 니체는 사실 나치가 내세우는 민족주의나 유대인 혐오 사상을 극도로 싫어했던 것으로 전해진다. 그가 내세운 '초인(超人)'은 결코 인종적이거나 태생적으로 구분되는 그러한 특성이 아니다.

파시스트들은 급속한 산업화와 세계화로 인해 희생된 사람들 즉, 근대화 과정에서 낙오자가 된 사람들의 반발심을 이용했다.

파시즘은 대중의 역사적 운명과 지도자 사이의 신비한 합일에 의존했다. 나약한 '개인'은 최고의 권력자, 즉 히틀러 총통과 자신을 동일시하게 되며 그들로 하여금 역사적 운명과 힘을 완전히 자각한 하나의 인종에 속한다는 정체성을 형성하도록 하였다. 거대한 집단적 창조행위에 참여했다는 흥분, 스스로가 초인(超人)이 되었다는 흥분, 지배자가 되었다는 느낌을 불러일으키는 전율을 육감적으로 전달해 주려고 노력했다.

파시즘은 이성적인 논쟁을 직접적인 감각의 경험으로 교묘히 바꿈으로써 정치를 미학으로 변화시켰다. 그의 연설은 대중들의 마음을 고무 시켜 놓았고 1차 세계대전에서 패배한 상황에서도 독일인의 긍지와 민족적 자존심을 되돌려 놓았다.

구악을 물리치고 나쁜 것에서 새로운 알을 깨고 나오는 것 같은 아름다운 미학적 혁명의 열기와 충동을 느끼게 해주었다. 이 점에서 히틀러는 악마의 정치가이면서도 악마의 예술가였다.

부록

삶에 힘이 되는 니체의 명문장

니체의 철학에는 차가운 현실 앞에 무력감을 느끼는 현대인들에게 힘이 되어 줄 수 있는 주옥같은 명언들이 많다. 필자는 그 명언들 중 일부를 선별했다. 필자는 여러분들이 차가운 현실 속에서도 힘을 잃지 않고 앞으로 나아가길 바란다.

누구든 자신에 대한 타인의 생각을 알고 싶어 한다. 자신을 좋게, 조금은 훌륭하다고 생각해 주길 바라고, 중요한 인간의 부류에 포함되기를 바란다. 그러나 자신에 대한 평판에만 지나치게 신경 써서 남들이 하는 이야기에 귀를 쫑긋 세우는 것은 좋지 않다. 왜냐면 인간이란 항상 옳은 평가를 받는 것은 아니기 때문이다. 오히려 자신이 원하는 평가를 받는 경우보다 그것과 완전히 상반된 평가를 받는 경우가 훨씬 많다. 현실이 이러함에도 자신의 평판이나 평가 따위에 집착해서 괜한 분노나 원한의 감정을 갖는 것은 어리석은 일이다. 타인이 어떻게 생각하고 있든 지나치게 연연하지 마라. 그렇지 않으면 실은 미움을 사고 있음에도 불구하고 부장님, 사장님, 선생님

등으로 불리는 호칭 따위에 일종의 쾌감과 안심을 맛보는 인간으로 전락하게 될지 모른다.

〈인간적인 너무나 인간적인〉

세상에 존재하면서 이 세상을 초월하라. 세상을 초월한다는 것은 자신의 감정이 시도 때도 없이 작용하여 이쪽저쪽 움직이지 않는 것이다. 정동(情動)에 휘둘리지 말고, 정동(情動)이라는 말에 올라가 그것을 능수능란하게 다루는 것이다.

이 경지에 도달하면 세계와 시대의 흐름과 변화에 결코 휘둘리지 않게 된다. 그리고 확고한 자신의 모습으로 강자로서의 삶을 누릴 수 있게 된다.

〈선악의 저편〉

누구나 자기 미래의 꿈에 계속 또 다른 꿈을 더해가는 적극적인 삶을 살아야 한다. 현재의 작은 성취에 만족하거나 소소한 난관에 봉착할 때마다 다음에 마주할지 모를 장벽을 걱정하며 미래를 향한 발걸음을 멈춰선 안 된다.

〈차라투스트라는 이렇게 말했다〉

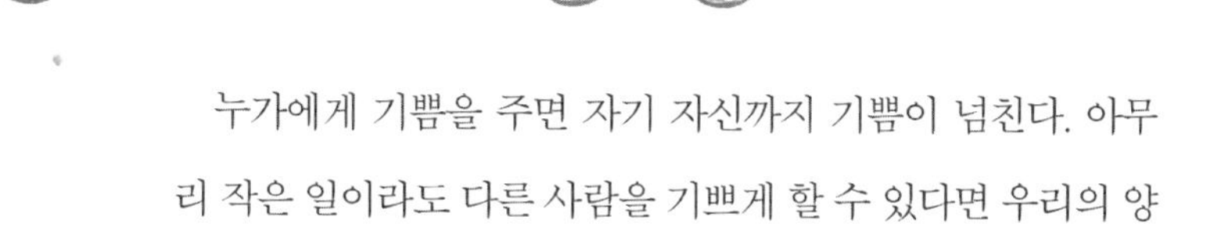

누가에게 기쁨을 주면 자기 자신까지 기쁨이 넘친다. 아무리 작은 일이라도 다른 사람을 기쁘게 할 수 있다면 우리의 양손에, 그리고 가슴에 기쁨이 넘칠 것이다.

〈아침놀〉

작은 일에도 최대한 기뻐하라. 주변의 모든 사람들이 덩달아 기뻐할 정도로 즐겁게 살아라. 기뻐하면 기분이 좋아지고 면역력도 강해진다. 마음을 어지럽히는 잡념을 잊을 수 있고, 타인에 품었던 원한이나 증오심도 떨쳐버릴 수 있다. 부끄러워하거나 참지 말고 마음이 이끄는 대로 마치 어린아이들처럼 싱글벙글 웃어라.

〈차라투스트라는 이렇게 말했다〉

누군가가 이미 만들어놓은 길을 걷지 마라. 앞서 간 누군가의 방식이나 지도자가 제시하는 길에 당신을 맞추지 마라. 오직 당신만의 길을 가라. 막연할지라도 당신만의 길을 넓혀가라. 그렇게 스스로를 이끌고 당당하게 나아가라.

〈즐거운 학문〉

타인으로부터 이해받는 것을 좋아하고, 오해받는 것을 꺼려하는 것이 보통의 상식이다. 그러나 모두에게 이해받을 바에는 차라리 오해를 받는 편이 낫다고 말하는 이가 있다. 그에게 있어 누구에게나 이해받는 다는 것은 '네가 생각하는 것은 누구나 쉽게 생각할 수 있는 평범한 수준에 불과할 뿐이다'이라는 조소를 듣는 것과 다름이 없다. 〈생성의 무죄〉

자기 자신을 하찮은 사람으로 폄하하지 말라. 그런 태도는 자신의 행동과 사고를 경직되게 만든다.

무슨일을 해도 자기 자신을 사랑하는 것으로부터 시작하라. 지금까지 살면서 아직 아무것도 이루지 못했을지라도 자신을 항상 존귀한 인간으로 대하고 사랑하라.

자기 자신을 사랑하면 결코 악행을 저지르지 않고 누구로부터 지탄받을 일도 저지르지 않게 된다. 그런 태도가 미래를 꿈꾸는 데 있어 가장 강력한 힘으로 작용한다는 사실을 절대로 잊지 마라.

〈이 사람을 보라〉

너무 어릴 때 성공하여 추앙을 받으면, 그 사람은 오만과 같은 삐뚤어진 감각에 사로잡혀 동배나 차근차근 노력해 가는 사람들에 대한 외경을 완전 잊어버리고 만다. 뿐만 아니라 성숙의 의미를 이해하지 못하며 성숙에 의해 유지되는 문화적 환경에서도 서서히 멀어진다. 타인은 시간의 흐름과 함께 성공을 이루고 일에 깊이를 더하는데, 자신은 그것을 이루지 못하고 언제까지나 과거의 성공을 간판으로 삼으려는 인간이 되어버리고 만다.

〈방랑자와 그 그림자〉

평등이라는 말을 즐겨 사용하는 사람은 다른 사람들을 자기 수준으로 끌어내리려는 욕망을 갖고 있거나, 자신과 다른 사람들을 더 높은 차원으로 끌어올리려는 욕망을 갖고 있거나 둘 중 하나다.

따라서 누군가 평등을 부르짖을 때는 그가 말하는 게 어느 쪽인지를 분명히 알아야 한다.

〈인간적인 너무나 인간적인〉

살면서 때로는 멀리 보는 눈이 필요할 때가 있다. 친한 친구들과 멀리 떨어져서 그들을 생각하면 함께할 때보다 훨씬 더 그립고 아름답게 느껴진다. 이처럼 어떤 대상과 적절히 거리를 두고 바라보면 많은 것들이 생각보다 훨씬 더 소중하고 아름답다는 사실을 알게 된다.

〈아침놀〉

무엇보다 중요한 것은 자신의 꿈을 실현하는 일에 스스로 책임지는 자세다.

그대는 그 꿈을 책임질 수 없을 만큼 나약한가? 용기가 부족한가? 그대의 꿈 이상으로 그대 자신인 것도 없다. 그 꿈을 실현하는 일이야말로 그대가 온 힘을 다해 이뤄내야 할 평생의 숙제다.

〈아침놀〉

모든 일의 시작은 위험하지만, 무슨 일이든 막론하고 일단 시작하지 않으면 아무것도 시작되지 않는다.

〈인간적인 너무나 인간적인〉

나의 시대는 아직 오지 않았다. 몇몇 사람에게는 그런 시대가 죽은 뒤에야 나타나기도 한다. 언젠가는 내가 이해하는 삶과 가르침을 다른 사람들에게 전하는 교육기관이 세워지게 될 것이다. 〈이 사람을 보라〉

하늘에 닿을 듯이 키가 큰 나무들에게 거친 바람과 악천후가 없었다면 그런 성장이 가능했을까? 인생에는 거친 폭우와 강한 햇살, 태풍, 천둥과 같은 온갖 악과 독이 존재한다. 그런 것들이 가급적이면 없는 게 낫다고 말할 수 있을까? 탐욕, 폭력, 증오, 질투, 아첨, 불신, 냉담 그밖에 모든 악조건과 장애물들….

이러한 악과 독이 존재하기에 우리는 그것들을 극복할 기회와 힘을 얻고, 용기를 내어 세상을 살아갈 수 있을 만큼 강하게 단련 되는 것이다. 〈즐거운 학문〉

그대의 사상과 감수성 뒤에는 강력한 지배자가 있으니, 그대가 모르는 그 현자의 이름은 '자기(참나)'다. 그대의 신체

안에 그가 거주하고 있다. 그대의 신체가 바로 그 사람이다.

〈차라투스트라는 이렇게 말했다〉

창조적인 일을 수행할 때는 물론, 일상에서 평범한 일을 수행하는 경우에도 항상 밝고 경쾌한 마음으로 임해야 한다. 그리하면 일이 순조롭게 진행될 것이다. 그것은 거침없이 비상하는 마음, 제약에서 자유로운 마음이 있기 때문이다. 평생 이런 마음을 지켜나가면 그것만으로도 많은 일을 이루는 사람이 될 것이다.

〈인간적인 너무나 인간적인〉

자기 영혼 속에 존재하는 영웅을 외면하지 마라. 더 높은 곳을 향한 꿈과 이상을 아주 오래전의 일이었다며 그리운 듯 말하지 마라. 살면서 어느 사이에 꿈과 이상을 버리게 되면, 그것을 말하는 사람을 비웃게 되고 시샘으로 인해 마음이 혼탁해진다. 그러면 발전하겠다는 의지나 자기 자신을 극복하겠다는 강건한 의지 또한 쇠약해지게 된다.

〈차라투스트라는 이렇게 말했다〉

천부적 재능이 없다고 비관에 빠지지 마라. 재능이 없으면 그것을 습득하면 된다.

〈아침놀〉

그대 자신을 뛰어넘어 크게 웃는 법을 배워라. 그대들의 가슴을 활짝 펴라. 높게, 더 높게! 멋진 무용수답게 큰 웃음소리도 잊지 마라.

〈차라투스트라는 이렇게 말했다〉

우리 식의 교양과 교육에서 가장 일반적인 결함이 점차 나타나고 있다. 아무도 배우지 않고, 아무도 노력을 하지 않고, 아무도 가르치지 않는다. 고독을 견디는 법을.

〈아침놀〉

나는 삶의 가장 낯설고 가장 가혹한 문제에 직면해서도 삶

자체를 긍정한다. 자신의 최상의 모습을 희생시키면서 자신의 고유한 무한성에 환희를 느끼는 삶에의 의지. 이것을 디오니소스적이라 부른다.

〈이 사람을 보라〉

어떤 사람이 어떤 견해를 고집하는 것은 그 사람이 저절로 그런 견해를 가지게 되었다는 것에 대한 자긍심이 있기 때문이거나 힘들여 그 견해를 익혀서 그것을 파악했다는 것이 자랑스럽기 때문이다. 둘 중 어느 경우든 모두 허영심에 기반 한 것이다.

〈인간적인 너무나 인간적인〉

공공연히 너무 큰 목표를 세우고, 나중에 자신의 능력이 너무나 부족하다는 것을 몰래 깨닫는 자는 보통 그 목표를 공공연히 철회할 힘도 충분하지 않기 때문에 불가피하게 위선자가 된다.

〈인간적인 너무나 인간적인〉

독창성이란 모든 이의 눈앞에 있음에도 아직 이름이 없어 부를 수 없는 어떤 것을 보는 것, 사람들에게 흔히 일어나는 일이지만 이름이 붙여져야 비로소 그들에게 어떤 사물이 보이게 된다. 독창적인 사람이란 대개 이름을 붙이는 자다.

〈즐거운 학문〉

공로가 있는 사람의 불손함은 공로가 없는 사람의 불손함보다 더욱 사람을 불쾌하게 만든다. 공로 자체가 이미 사람을 불쾌하게 만들기 때문이다.

〈인간적인 너무나 인간적인〉

참고문헌

프리드리히 니체(정동호 역), 〈차라투스트라는 이렇게 말했다〉, 책세상

프리드리히 니체(김미기 역), 〈인간적인 너무나 인간적인〉, 책세상

프리드리히 니체(이진우 역), 〈비극의 탄생/반시대적 고찰〉, 책세상

프리드리히 니체(백승영 역), 〈바그너의 경우, 우상의 황혼, 안티크리스트, 이 사람을 보라, 디오니소스 송가, 니체 대 바그너〉, 책세상

이진우, 〈니체의 인생강의〉, Humanist

나카지마 요시미치 (이지수 역), 〈니체의 인간학〉, 다산지식하우스

사이토 다카시(이정은 역), 〈곁에 두고 읽는 니체〉, 홍익출판사

시라토리 하루히코(박재현 역), 〈니체의 말〉, 삼호미디어

프리드리히 니체(홍성광 역), 〈니체의 지혜〉, 을유문화사

멜리사 실링(이주만 역), 〈괴짜들의 비밀〉, 새로운현재

양승권, 〈니체와 장자는 이렇게 말했다〉, 페이퍼로드

고병권, 〈니체의 위험한 책, 차라투스트라는 이렇게 말했다〉, 그린비

안승일, 〈열정의 천재들 광기의 천재들〉, 연암서가